CÓMO DIRIGIR
UN GRUPO CELULAR
CON ÉXITO

Para que la gente desee regresar

Otros libros del mismo autor:

Explosión de los grupos celulares en los hogares

Grupos de 12

Recoged la cosecha

Explosión de liderazgo

JOEL COMISKEY

CÓMO DIRIGIR UN GRUPO CELULAR CON ÉXITO

Para que la gente desee regresar

editorial clie

EDITORIAL CLIE
Ferrocarril, 8
08232 VILADECAVALLAS (Barcelona)
E-mail: libros@clie.es
http://www.clie.es

CÓMO DIRIGIR UN GRUPO CELULAR CON ÉXITO
Para que la gente desee regresar

© 2002 Editorial CLIE para la versión española

Publicado originalmente por TOUCH Publications con el título:
HOW TO LEAD A GREAT CELL GROUP MEETING...
... So people want to come back
© 2001 by Joel Comiskey

Traducción: Edmundo Goodson
Concepto gráfico, diseño y maquetación: Nicanor Gálvez-CLIE

ISBN: 978-84-8267-397-4

Printed in USA

Clasifíquese: 500 ECLESIOLOGÍA: Iglecrecimiento-Métodos y estrategias
C.T.C. 01-06-0500-25
Referencia: 22.44.62

CÓMO DIRIGIR UN GRUPO CELULAR CON ÉXITO

«¡Comiskey ha logrado un gol de media cancha! ¡Este libro no juntará polvo en mi estante! Lo estaré usando una y otra vez como una herramienta de referencia en lo grupos que dirijo y superviso. Además tengo planes para que todos mis líderes de los grupos celulares también lo lean.»

MIKE MACK
Fundador de la Red de Grupos Pequeños
Pastor de los Grupos Pequeños, Iglesia Cristiana Foothills

«Sólo cuando el Espíritu Santo toca el corazón de una persona en el ambiente seguro de una reunión celular bien planificada es cuando vemos verdaderamente el plan increíble en el cual Dios nos ha invitado a participar. En *Cómo dirigir un grupo celular con éxito*, Joel ha captado la esencia de dirigir reuniones celulares que transforman las vidas y nos proporcionan un mapa práctico para el camino al éxito.»

THOM CORRIGAN
Pastor, Fundador de Entrenamiento para la Peregrinación
Autor de *Experimentando la Comunidad*

«¡Wow! Este libro le enseñó unos trucos nuevos a este perro viejo. Yo leí este libro e inmediatamente hice dos cambios en mi estilo de facilitación.»

Joel, ¡gracias por las pautas!

RANDALL NEIGHBOUR
Editor Principal, Revista de CellGroup

«¡Si usted ha dirigido una reunión de un grupo pequeño alguna vez, usted se encontrará asintiendo con la cabeza y estará de acuerdo con las luchas honestas de Comiskey y sus útiles consejos. Sin ser demasiado simplista, Joel sintetiza las muchas partes de que consta la dirección de una reunión de un pequeño grupo. Como líder y entrenador de un grupo celular he esperado por mucho tiempo para tener una herramienta como ésta.»

TOM BRUNNER
Pastor Titular, Iglesia de la Esperanza

«Joel Comiskey es una de las principales autoridades en el mundo sobre el tema del ministerio de los grupos. Porque escribe desde la posición de su experiencia y no desde una perspectiva teórica, él ofrece valiosas visiones que pueden transformar su ministerio celular en un gran ministerio celular. Este libro es una lectura obligatoria para todo líder celular y pastor que desean dirigir un ministerio celular eficaz en su iglesia.»

TERRY CANTRELL
Pastor Titular, Comunidad Wesleyana

«Este manual práctico, realista, y de fácil entendimiento facilita para cualquier líder la inmediata aplicación de estas visiones. ¡Yo lo recomiendo muchísimo!»

LARRY KREIDER
Director Internacional,
Compañerismo Internacional Cristiano DOVE

«Comiskey le da en el clavo a todos los fundamentos de la dirección de un grupo celular exitoso. Este manual práctico es un lectura obligatoria para líderes emergentes y un gran refrigerio para los que ya están dirigiendo un grupo celular. Los entrenadores de los líderes celulares pueden usar este recurso para empezar el diálogo cuando se reúnan con su grupo de líderes.»

JEANNETTE BULLER
Autora, CoachNet, Inc.

«El último libro de Comiskey debe ser puesto en las manos de todos los que deseen facilitar un grupo pequeño eficazmente. Es una recolección de las sugerencias espigadas del estudio de muchos líderes experimentados.»

RALPH W. NEIGHBOUR, JR.

«Mientras leía el libro de Joel Comiskey, seguí imaginándome a nuestros líderes celulares en un animado diálogo durante un taller de entrenamiento. Hemos necesitado este gran recurso que enseña las dinámicas de los grupos pequeños mientras se comparte la visión para un auténtico liderazgo celular. Es evidente que Joel es un practicante de la vida celular... Él conoce nuestro mundo del ministerio.»

KERRY BOWMAN
Pastor Principal, Iglesia de la Alianza Águila

«Todo líder de un grupo celular necesita este recurso que ya está listo para ser usado. Si usted es un novicio o un veterano sazonado, encontrará una guía práctica para usted y para los que usted está entrenando. Recomiendo mucho este libro.»

BOB LOGAN
Director Ejecutivo, CoachNet, Inc.

«Entre los muchos libros entusiastas que se han escrito sobre los grupos celulares, hay muy poco acerca de la reunión celular misma. Doy gracias a Dios por este libro excelente.

Hagamos que llegue a las manos de todos los líderes de los grupos pequeños. Hay valiosas visiones en él para todos.»

JIM EGLI
Pastor de los Grupos Pequeños,
Iglesia de la Viña, Champaign, IL (USA)

ÍNDICE

RECONOCIMIENTOS

Tengo una deuda de gratitud al equipo de TOUCH Outreach Publicaciones por su excelente trabajo en este libro.

➤ Scott Boren, editor

➤ Rick Chandler, Producción de la publicación/Diseño gráfico

➤ Don Bleyl, artista

Quiero dar gracias especiales a Michael Mack, un autor prolífico para los grupos pequeños y fundador de la Red de Pequeños Grupos, por proporcionar una visión clave.

Dos recursos han sido de especial ayuda al escribir este libro: El Periódico de los Grupos Celulares (Cell Group Journal), una revista trimestral de TOUCH Outreach Ministries, y la Red de Grupos Pequeños (Small Group Network), un ministerio en línea y dedicado a la capacitación de los líderes de los grupos pequeños. En este libro he usado muchos de los materiales de ambos, y los recomiendo especialmente a mis lectores (www.touchusa.org y www.smallgroups.com).

Quiero agradecer especialmente a mi esposa e hijos su estímulo mientras escribía este libro.

INTRODUCCIÓN

Silencio. El esfuerzo de Jerry por estimular el diálogo falló. «¿Alguien más quisiera hacer un comentario sobre este versículo?» Todavía no hubo respuesta. Jerry decidió que lo mejor era romper el silencio haciendo un comentario espontáneo sobre algunos pasajes bíblicos. «Por lo menos están recibiendo la Palabra de Dios», él se aseguró.

Yo sé cómo se sentía este líder. He tenido que enfrentar períodos similares de un silencio tenso mientras dirigía las lecciones en mi propio grupo pequeño. Más de una vez he pensado: «¿Por qué los tiempos que se dedican al diálogo son tan pobres? ¿Cuál es el eslabón que falta?»

Muchos líderes de grupos pequeños, sumergidos en la batalla, empiezan a dudar de sus talentos y habilidades para el liderazgo. Ellos se culpan por su personalidad o falta de dones por las lecciones estériles, las inquietudes en el grupo, y el hecho de que sólo unos pocos participan.

Las buenas noticias son que la inmensa mayoría de los problemas de los grupos pequeños se pueden solucionar. Escribí este libro para ayudarle a convertir una reunión pobre en una reunión dinámica.

EL INTERÉS DEL GRUPO PEQUEÑO

Setenta y cinco millones de americanos adultos asisten a un grupo pequeño regularmente (no incluye todos los adolescentes

y los niños en los grupos). Hay 300.000 iglesias en EE.UU., pero más de tres millones de grupos pequeños.[1]

Con el creciente interés de los grupos pequeños, sobre todo ante una sociedad con las características de un internet impersonal, hay una gran necesidad de entender la dinámica de los grupos pequeños (tanto para participar como para dirigir). Lyle Schaller, después de hacer una lista de veinte innovaciones en la iglesia americana moderna, dice:

> *«La decisión de decenas de millones de adolescentes y adultos de establecer una alta prioridad en una seria y profunda participación semanal con grupos de estudio bíblico y oración, dirigidas por laicos y en forma continuada es quizás lo más importante de todo.»*[2]

El fenómeno de los grupos pequeños ciertamente no está limitado a los EE.UU. La iglesia más grande en la historia del cristianismo, La Iglesia del Pleno Evangelio Yoido en Seúl, Corea del Sur, tiene como base 25.000 grupos pequeños. Las iglesias más grandes del mundo, siguiendo el ejemplo de IPEY, también se basan en los grupos pequeños.[3]

La mayoría de las organizaciones seculares también acostumbran a celebrar reuniones de pequeños grupos, desde las juntas hasta las clases obreras. Sabiendo cómo conducir dichas reuniones no sólo suaviza toda la atmósfera, sino que a menudo determina el éxito o el fracaso comercial.

De hecho, las dinámicas del pequeño grupo es una ciencia en sí misma. Uno de mis primeros cursos de la universidad lo trataba mientras estudiábamos el libro *Las discusiones eficaces en grupo*. Aprendimos cómo escuchar activamente, responder positivamente, resumir, y muchas otras posibilidades de los grupos pequeños.[4]

Mientras las organizaciones seculares buscan aumentar la productividad a través de las dinámicas de los grupos pequeños, los propósitos de Dios deben guiar al pequeño grupo cristiano. Los líderes de los grupos pequeños eficaces viven bajo el poder del Espíritu Santo y comunican los propósitos de Dios para el grupo. El líder cristiano llegará a ser más eficaz y satisfará más plenamente las necesidades de los miembros del grupo aprendiendo las habilidades de las dinámicas de los grupos pequeños.

Definición de una célula/grupo pequeño

Algunos expertos escogen el camino ancho y definen un grupo pequeño como algo pequeño que se reúne como un grupo. Esta definición es tan inclusiva (y esquiva) que no clarifica nada. Los comunistas y también los teólogos de la liberación promueven sus estilos de células. En todo el país, varias clases de grupos se están formando para sanar los desórdenes físicos, la dependencia en sustancias químicas, los problemas matrimoniales; y la lista sigue. Con esta amplia definición, se podría incluir una familia, un aula, la reunión de una comisión de la iglesia, un equipo de baloncesto y un grupo celular cristiano. Definir un grupo pequeño por su tamaño no clarifica el propósito del grupo.

Yo defino un pequeño grupo o una célula como *un grupo de personas (de 4 a 15), que se reúnen regularmente con el propósito de la edificación espiritual y esfuerzo evangelístico (con la meta de la multiplicación) y que se comprometen a participar en las funciones de la iglesia local.*

Yo comprendo que muchos grupos pequeños no están vinculados con la iglesia local. Si usted está dirigiendo un grupo parecido, este libro le ayudará para afinar sus capacidades. Pero nos concentraremos en los pequeños grupos que tienen base en la iglesia.

Al definir un grupo pequeño, es importante identificar sus componentes esenciales, o las características que deben estar presentes. Los «grupos celulares que transforman las vidas (me tomaré la libertad de usar indistintamente las palabras *grupo celular y pequeño grupo*) deben tener las siguientes características:

➤ Enfoque ascendente: Conocer a Dios.

➤ Enfoque interno: Conocernos los unos a los otros.

➤ Enfoque externo: Alcanzar a los que no conocen a Jesús (con la meta de multiplicar el grupo celular).

➤ Enfoque hacia adelante: Preparar líderes nuevos.

Los grupos pequeños deben ser consistentes, pero flexibles. Algunos grupos, por ejemplo, podrían ser más «sensibles para buscar personas nuevas» que otros. Demasiado tiempo cantando y orando no sería apropiado en dichas reuniones. Nuestra iglesia tiene muchos grupos que se reúnen en los campus universitarios. Los líderes tratan de mantener adrede un entorno que es apropiado en ese contexto, ya que el propósito principal es evangelístico. Sin embargo, incluso en estos grupos, los componentes de conocer a Dios y la edificación de las relaciones, están presentes.

No hay dos pequeños grupos que sean exactamente iguales, pero todos tienen los mismos componentes: la búsqueda de Dios (enfoque ascendente); el desarrollo de las relaciones de los unos con los otros (enfoque interno); el esfuerzo para alcanzar a los que no son cristianos (enfoque externo); y el desarrollo de los nuevos líderes (enfoque hacia el futuro). Estos componentes permiten cierta flexibilidad en las células para que sean eficaces, y al mismo tiempo, que alcancen sus metas.

MANTENGA PEQUEÑO AL GRUPO

Más grande no es mejor para los grupos pequeños. El crecimiento en el tamaño excluye el crecimiento en intimidad.[5] A me-

LO QUE UN GRUPO PEQUEÑO NO ES[6]

A veces entendemos alguna cosa mejor cuando sabemos lo que no es. A continuación encontrarán algunas formas equivocadas de pensar con respecto al grupo celular:

➤ Categoría de un Club

Aunque posiblemente se concentre en un grupo homogéneo, recuerde que su célula debe seguir creciendo y finalmente debe multiplicar. No permita que la homogeneidad se vuelva un fin en sí misma.

➤ Una división

Los grupos celulares son maravillosos porque conducen a las personas a un profundo sentido de comunidad. Al mismo tiempo, siempre debemos incluir a otros en nuestra comunidad ya que Cristo nos ha dado la comisión de ir y hacer discípulos.

➤ Una organización

Ésta es un trampa mortal. Un grupo celular es un *organismo vivo* más bien que simplemente una linda manera de organizar el cuerpo de Cristo. Una célula necesita funcionar como una parte viva del cuerpo de Cristo.

➤ Estática

Las células en el cuerpo humano que no se multiplican, mueren. Un guía de grupos pequeños me dijo que «los grupos pequeños nacen para morir». Yo discrepo. Creo que los grupos celulares nacen para multiplicar. Sí, si una célula no multiplica, morirá, y por esta razón, un grupo pequeño debe reproducirse continuamente.

➤ Un día por semana

El grupo celular es mucho más que otra reunión semanal. Es una familia. Durante la semana los miembros deben pastorearse los unos a los otros, cuidarse y cultivar la amistad. He descubierto que a menudo los miembros de las células se buscan durante el tiempo de la celebración del domingo e incluso se sientan juntos. En una iglesia celular que visité, se estimulaba a las células a reunirse después del culto del domingo por la mañana para tener comunión, dar y recibir de cómo van sus vidas, y hacer planes para la semana siguiente.

➤ Un salón de clase

Visité un grupo celular en el cual el líder asumió el papel como el hombre que da la respuesta bíblica. La reunión se centraba alrededor del guía de la Biblia (líder celular) que enseñaba a los indoctos (los demás miembros de la célula). El líder del grupo celular, más bien, es un facilitador/guía que conduce la lección mientras estimula a otros a compartir.

➤ Un simple estudio bíblico

Muchos comparan el grupo celular con los estudios bíblicos en el barrio. Aunque el tiempo de la lección en los grupos celulares está basado en la Palabra de Dios, el enfoque está en la aplicación de la Palabra de Dios en una atmósfera participativa, en lugar del hecho que alguien esté impartiendo conocimiento bíblico. Recuerde la exhortación en Santiago 1:22: «No tan solamente oidores (de la palabra), engañándoos a vosotros mismos».

➤ Un grupo terapéutico

El grupo celular no es una sesión de psicoanálisis. La sanidad ocurre en el grupo celular escuchando, y por el amor y la oración. Yo creo en las sesiones de consejería –pero no dentro de la célula.

➤ Una banda de renegados

Los grupos celulares en la iglesia celular participan en la iglesia local. Los que asisten a la célula también deben asistir a la celebración (o por lo menos son constantemente animados a asistir a la celebración) y los que asisten a la celebración asisten a la célula. Yo estoy muy en contra de que los líderes celulares inviten a las personas de otras iglesias a asistir a las células. Yo les digo que no es ético pastorear las ovejas de otra congregación. Nuestras células están enfocadas en los que no son cristianos y en las personas de nuestra propia congregación.

➤ Un grupo de oración

Aunque la oración juega un papel fundamental en el grupo celular, no es el único enfoque.

➤ Un grupo de tarea o grupo ministerial

Un grupo celular tampoco es simplemente un grupo de tarea o ministerial (por ej., la junta de la iglesia, la reunión de los ujieres una hora antes del culto, etc.). ¡En dichos grupos pequeños, es muy difícil, si no imposible, que se desarrolle una tarea de evangelización, a menos que, por supuesto, su iglesia permita que los que no son cristianos formen parte de la junta de la iglesia!

nos que las células permanezcan pequeñas, ellas pierden su eficacia y capacidad para velar por las necesidades de todos los miembros. Cuando dos personas están conversando hay dos líneas de comunicación; ese número aumenta a doce cuando hay cuatro personas presentes. Con diez personas, el número crece a noventa; y con quince personas reunidas hay 210 líneas de comunicación. Después de las quince personas ya no hay más posibilidades para que las personas se conozcan íntimamente. Es más bien una congregación, en lugar de un grupo celular.

¿Pero cuán grande es demasiado grande? Una iglesia de grupos pequeños descubrió que diez era el tamaño máximo.[7] Carl George está de acuerdo, declarando enfáticamente que diez es «… el tamaño probado a través de los tiempos y validado científicamente, que permite una comunicación óptima».[8]

Juan Mallison, sin embargo, halla lugar para algunos más. Él dice: «Doce no sólo establece el límite superior para las relaciones significativas, sino que establece una situación no amenazante para los que son nuevos en su experiencia con grupos pequeños… Es significativo que Jesús escogió a doce hombres para estar en su grupo.»[9] Estableciendo un equilibrio, Dale Galloway dice: «El número ideal para una buena dinámica de grupo y para cuidarse mutuamente y dialogar está en alguna parte entre ocho y doce personas. La participación es mucho mayor cuando se mantiene dentro de estos límites».[9]

El consejo de Galloway no sólo parece razonable, sino que también está de acuerdo

Líneas de comunicación

N x N - N =

Líneas de comunicación

2 x 2 - 2 = 2

4 x 4 - 4 = 12

15 x 15 - 15 = 210

con mi propia experiencia. Ciertamente, un grupo no debe crecer más allá de quince personas, ni tener menos de cinco (con la posible excepción de las células plantadas recientemente).

VISUALIZANDO LA REUNIÓN CELULAR

Los dibujos en la página siguiente le ayudarán a visualizar las habilidades que usted necesitará para dirigir una gran reunión de un grupo celular. Para que su cuerpo físico funcione correctamente, todas las partes individuales deben funcionar conjuntamente. Esto mismo es verdad con respeto a la reunión celular. Algunos líderes de grupos pequeños tienen buenos ojos, pero no tienen alma. Otros son todo boca, pero sin orejas. Pero cuando todas las partes están funcionando, la reunión fluye. Cada capítulo en este libro corresponde a una parte diferente.

➤ Capítulo 1 – Un corazón puro: Prepárese

➤ Capítulo 2 – Brazos recolectores: Cómo estructurar una reunión

➤ Capítulo 3 – Piernas que sostienen: Facilitando a otros

➤ Capítulo 4 – Un alma abierta: Practicando la transparencia

➤ Capitulo 5 – Una mente inquisitiva: Haciendo preguntas estimulantes

➤ Capítulo 6 – Oídos que escuchan

➤ Capítulo 7 – Una lengua alentadora

➤ Capítulo 8 – Manos cálidas: Alcanzando a los no cristianos

➤ Capítulo 9 – Caminando juntos: Avanzando a través de las etapas de la vida

➤ Capítulo 10 – Ojos que ven los detalles

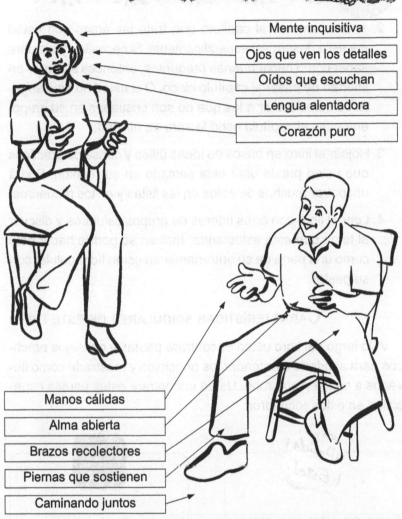

Mente inquisitiva

Ojos que ven los detalles

Oídos que escuchan

Lengua alentadora

Corazón puro

Manos cálidas

Alma abierta

Brazos recolectores

Piernas que sostienen

Caminando juntos

Hay diferentes maneras en que usted puede usar este libro:

1. Empezar a leer todo el libro desde el principio para obtener una visión completa de la manera cómo dirigir una reunión celular con éxito. Ésta es una manera excelente para ver a vuelo de pájaro las habilidades básicas o para mejorar las habilidades que usted ya tiene.

2. Ir directamente al capítulo que trata las áreas que usted necesita desarrollar específicamente. Si necesita ayuda para saber cómo hacer buenas preguntas, entonces siéntase en libertad de pasar al capítulo cinco. O si usted no está seguro de cómo incluir a los que no son cristianos en su grupo, entonces el capítulo ocho le será de utilidad.

3. Hojear el libro en busca de ideas útiles y consejos prácticos que usted puede usar esta semana en su reunión. Podrá encontrar muchos de éstos en las listas y en los recuadros.

4. Leer el libro con otros líderes de grupos celulares y discutir el tema que está estudiando. Incluso se podría hacer esto como una parte de su entrenamiento como líder celular con su pastor.

CARACTERÍSTICAS SINGULARES DE ESTE LIBRO

A lo largo del libro usted encontrará pautas y consejos prácticos para ayudarle a entender los principios y mostrarle cómo llevarlos a cabo en su grupo. Usted encontrará estas pautas especiales en estos recuadros:

Encuentre éstos para obtener ideas sencillas y recursos que usted puede utilizar esta semana. Algunos son tan obvios que usted se preguntará por qué no pensó en ellos usted mismo.

Estas explicaciones le mostrarán cómo llegar a ser un gran líder celular con testimonios, historias y citas de las vidas de líderes experimentados.

A veces usted necesitará una nueva manera de hacer cosas para salir de la rutina. Estas estrategias comprobadas le proporcionan maneras prácticas para salir y hacer algo nuevo en su grupo.

El liderazgo de un grupo celular no es difícil, pero a veces entendemos mal lo que realmente involucra. Busque estos recuadros para asegurarse que está ubicado con lo que realmente hace que un grupo pequeño llegue a ser grande.

UNA HERRAMIENTA DE GRAN AYUDA

Cómo dirigir un grupo celular con éxito le ayudará para que pueda guiar su reunión semanal eficazmente. ¿Pero qué hacen los líderes eficaces entre las reuniones? He escrito un libro con su manual correspondiente, llamado *Explosión de los grupos celulares en los hogares: Cómo un pequeño grupo en su hogar puede crecer y multiplicarse* (Editorial CLIE, España) que explica qué hacen los líderes de los grupos celulares eficaces durante los otros seis días. Estos dos libros van juntos para ayudarle a entrar plenamente en el ministerio que Dios ha puesto delante de usted.

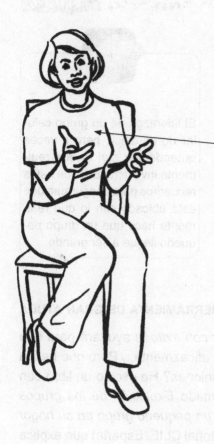

Corazón puro

Un corazón puro

El liderazgo de la célula comienza con la preparación del corazón. Un corazón que es puro delante de Dios es el único fundamento para dirigir una reunión celular. Sin un corazón para Dios, la reunión se convierte solamente en rutinas y rituales secos.

CAPÍTULO 1

UN CORAZÓN PURO: PREPÁRESE

Una cierta gracia caracteriza a los líderes celulares dinámicos. Ellos demuestran una tierna preocupación, pero dirigen con firmeza. Permiten que la discusión fluya con naturalidad, pero se niegan a desviarse del tema. Escuchan atentamente, pero no permiten que una persona sola domine la reunión. Edifican a la comunidad, pero no a expensas de la evangelización de los inconversos. Ellos se responsabilizan por el grupo, pero se niegan a hacer todo. Promueven la identidad del grupo, pero nunca a expensas de la multiplicación de nuevos grupos celulares.

¿Parece difícil este equilibrio? Simplemente digamos que es imposible –sin la obra del Espíritu Santo. La lógica y la técnica, aunque son necesarias, no pueden enseñar el cuándo y el cómo de las dinámicas de los grupos pequeños. El liderazgo eficaz de un grupo pequeño comienza con un corazón transformado. El Espíritu Santo trabaja así dentro del líder de la célula para que él o ella puedan ministrar de lo que rebosa del corazón.

Para navegar las aguas desconocidas que quedan por delante con éxito, usted necesitará un guía, uno que sabe el camino. Jesús dijo, «Pero cuando venga el Espíritu de verdad, Él os guiará a toda la verdad, porque no hablará por su propia cuenta, sino que hablará todo lo que oiga y os hará saber las cosas que habrán de venir» (Juan 16:13).

Usted no entiende totalmente las lágrimas y los miedos de Juana o las ambiciones y los sueños de Juan. Cuando Juana, Juan, y el resto del grupo llegan a su sala, cómo van a reaccionar esas personas es algo imposible de prever. Usted puede conocer todas las prácticas y técnicas de las dinámicas de los grupos pequeños y sin embargo no satisfacer las necesidades profundas del grupo. Usted necesita un guía –el Espíritu Santo.

DEJE DE PREPARARSE PARA LA CÉLULA

Hágase a usted y a su grupo un favor. Cese toda la *preparación de la célula* por lo menos media hora antes del comienzo de la célula (por ej., la lección, la preparación del refrigerio, etc.). Tome ese tiempo para preparar su corazón delante de Dios, pi-

Pasos para la llenura del Espíritu

➤ Pida la llenura del Espíritu Santo. «Pues si vosotros, siendo malos, sabéis dar buenas dádivas a vuestros hijos, ¿cuánto más vuestro Padre celestial dará el Espíritu Santo a los que se lo pidan?» (Lucas 11:13). Jesús dice: «Pedid, y se os dará; buscad, y hallaréis; llamad, y se os abrirá; porque todo aquel que pide, recibe; y el que busca, halla; y al que llama, se le abrirá.» (Lucas 11:9-10).

➤ Confiese todo pecado conocido. David dice: «Si en mi corazón hubiera yo mirado a la maldad, el Señor no me habría escuchado» (Salmos 66:18).

➤ Sea lleno del Espíritu diariamente. En Efesios 5:18, Pablo dice: «Sed llenos del Espíritu.» La frase «sed llenos» en el griego señala a una llenura incesante, constante. Es algo diario.

diéndole que lo llene con Su Espíritu. Tantas cosas inesperadas pasan en el curso de un grupo celular normal: el teléfono suena, el visitante no cristiano inesperado, el olvido de Susana que no preparó el rompehielos, la cuerda rota de la guitarra y Juan, que perdió su empleo. Cuando Juan comparte que fue despedido durante el tiempo del rompehielo, ¿se debe orar por él inmediatamente, debe darle más tiempo para compartir, o debe esperar hasta después de la lección (quizás usted sabe que Juan suele hablar mucho)? Usted necesitará la sabiduría del Espíritu.

Si usted es un líder de grupos pequeños veterano, entonces sabe que los planes y la preparación pueden ser de ayuda –pero no son suficientes. Usted estará de acuerdo en que el sentido común ungido por el Espíritu será exitoso. Siguiendo planes rígidos y preconcebidos cuando alguien se está sintiendo mal produce malos resultados. Para ganar el partido, usted necesita un buen entrenador. La gran noticia es que el Espíritu Santo está dispuesto a darle los consejos desde el interior momento a momento para cada paso que deba dar. Para oír Su voz fuerte y clara cuando usted la necesita, usted necesitará Su llenura antes del comienzo de la reunión.

Recuerde también que parte del ministerio más poderoso ocurre mientras se mastica ruidosamente algunas papas chips o comiendo galletas después de la reunión de la célula. Las charlas más íntimas transcurren a menudo cuando bajamos la guardia y no estamos preocupados por todos los detalles de la reunión de la célula. El Espíritu podría moverlo a ministrar a la persona que viene por primera vez o a hablar con el díscolo. Posiblemente se sienta guiado a hablarle a Pancho que raramente habla durante la reunión. O quizá usted necesita simplemente escuchar, mientras otros llevan adelante la conversación.

Manténgase sintonizado con Él, y Él hará que su camino sea próspero. Él guiará sus pasos.

La Unción del Espíritu Santo

El mejor consejo es de Juan el apóstol: «Pero la unción que vosotros recibisteis de Él permanece en vosotros y tenéis necesidad de que nadie os enseñe; así como la unción misma os enseña todas las cosas, y es verdadera, y no es mentira, según ella os ha enseñado, permaneced en Él. (1 Juan 2:27).

SIGA EL EJEMPLO DE CRISTO

Charles Hummel, un piadoso líder cristiano, en cierta oportunidad escribió un artículo clásico llamado «La Tiranía de lo Urgente». Su tesis básica era que vivimos en una tensión constante entre lo urgente y lo importante. Lo importante es nuestra relación con Jesús mientras que lo urgente es aquello que roba nuestro tiempo de Dios. Stephen Covey resalta esta misma tensión en *Los 7 Hábitos de las Personas Muy Eficaces.*

Los asuntos urgentes… nos presionan; insisten en nuestra necesidad de actuar. A menudo son populares con los demás. Por lo general están justo delante de nosotros. Y a menudo son agradables, fáciles, divertidos para hacer. ¡Pero tantas veces no son importantes! Los asuntos importantes que no son urgentes requieren más iniciativa, más proactividad… Si no tenemos una idea clara de lo que es importante, de los resultados que deseamos en nuestras vidas, seremos fácilmente desviados para responder a lo urgente.[1]

Puede estar seguro de que las necesidades urgentes se amontonarán para llenar su agenda y estropearán su iniciativa de pasar tiempo con Dios, a menos que usted planifique –a menos que haga que su reunión con Él sea una prioridad. Mi consejo es que usted planifique por lo menos un día por adelantado a qué hora se encontrará con Él. Podría decir, por ejemplo: «Me encontraré con Dios mañana a las 17:30, o incluso durante mi descanso del almuerzo».

Todos tenemos las mismas veinticuatro horas por día, incluyendo el presidente de EE.UU. Si pasar tiempo con Dios es importante, usted buscará de tener tiempo para esto. Si no lo es, usted constantemente ofrecerá excusas para no hacerlo.

Cristo tomó decisiones después de tener comunión con el Padre. Como leemos en Lucas 5:16, para Él era una prioridad pasar tiempo a solas con Su Padre: «... Pero Él (Jesús) se apartaba (solía apartarse) a lugares desiertos para orar». Lucas 5:15 explica que cuando la fama de Cristo se estaba extendiendo, el éxito de su ministerio lo obligaba a pasar más tiempo con Dios. En medio de un ministerio que aumentaba continuamente, Él se apartaba de la multitud para estar solo. Si Jesucristo, nuestro

Reparación de la rutina

David Yonggi Cho, el pastor de la Comunidad del Pleno Evangelio Yoido, envía a sus líderes celulares a la Montaña de Oración para ayunar y orar durante unos días cuando la célula del líder no crece. ¿Ha hecho usted alguna vez un viaje a su propia «montaña de oración?»

La clave del éxito

Mi estudio de 700 líderes de grupos celulares reveló que el éxito del líder dependía en cuánto tiempo él o ella pasaban en sus devociones diarias.

modelo, establece Su tiempo con el Padre como una prioridad, ¿no debemos hacer lo mismo?

Como líder de un grupo pequeño, pasar tiempo con Dios debe ser su mayor prioridad. Cuando los miembros de su grupo sientan que usted está transmitiendo lo que recibe de Dios, entonces estarán más dispuestos a seguirle. Cuando usted pueda señalar las veces cuando usted sentía la guía de Dios, y que Él le hablaba al corazón, entonces ganará el respeto de los miembros de su grupo.

Sensibilidad al Espíritu

¿Cuál es la mejor manera de ministrar a los que se sienten afligidos en tiempos de duelo? No hay una manera correcta. Usted sólo hace lo mejor que puede, simpatizando con las aflicciones y debilidades de los demás. Usted debe confiar en el Espíritu Santo.

LA RECOMPENSA DEL PADRE

Jesús nos pide que pasemos tiempo en la presencia del Padre, pero Él también promete la recompensa del Padre. Jesús dice: «Pero tú, cuando ores, entra en tu cuarto, cierra la puerta y ora a tu Padre que está en secreto; y tu Padre, que ve en lo secreto, te recompensará» (Mateo 6:6). La belleza de esta recompensa es que usted no necesita publicarla. No tiene que decir a otros cuánto tiempo pasa en sus devociones personales. El Padre Celestial, que toma nota del tiempo pasado, lo recompensará de gracia y abiertamente. En Génesis 15 Abraham rechazó el premio externo y la adulación del rey de Sodoma. Dios respondió: «No temas, Abram, yo soy tu escudo, y tu recompensa será muy grande».

Nuestro Padre celestial está pronto para bendecir abundantemente a los que lo buscan. Recuerde lo que la Escritura dice: «A

Aquel que es poderoso para hacer todas las cosas mucho más abundantemente de lo que pedimos o entendemos, según el poder que actúa en nosotros...» (Efesios 3:20). Él hará mucho más abundantemente de lo que usted puede pedir o pensar, si hace que Él sea primero en su vida.

MÁS QUE TÉCNICAS

Este libro enfatiza la importancia de las técnicas de los grupos pequeños. Sin embargo, en este capítulo yo le he advertido que no siga las técnicas muy estrechamente. Yo le dije más bien: «Permita que el Espíritu le guíe». «Esté abierto para analizar cada situación con el sentido común ungido por el Espíritu.» ¿Parece una contradicción? Realmente no lo es. Los planes, las técnicas y una diligente preparación para la reunión del pequeño grupo son sumamente importantes. Simplemente no permita que éstos lo controlen. Ése es el trabajo del Espíritu. Cuando usted pasa tiempo en Su presencia, hará planes mejores, sabrá manejar cada situación y satisfará las necesidades de los presentes.

Experimento de oración de 7 días

Si usted está luchando con sus sentimientos hacia otra persona, empiece con un experimento de oración durante siete días. Ore cinco minutos todos los días por esa persona. Permita que Dios resuelva el conflicto.

PUNTOS PARA RECORDAR

Un gran liderazgo celular comienza con un corazón inmerso en Cristo y lleno del Espíritu Santo. Si su corazón no está bien, entonces ninguna lista de técnicas puede llevar a su grupo a experimentar las cosas que Dios tiene por delante. Recuerde lo siguiente:

➤ Deje de preparar los detalles para la célula por lo menos media hora antes del comienzo de la reunión para pasar ese tiempo con Dios.

➤ Dé prioridad a su vida devocional diariamente para escuchar a Dios.

➤ Dependa de Dios más que de las técnicas.

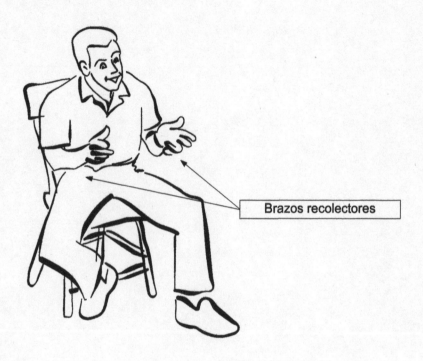

Brazos recolectores

Brazos que recogen

Así como los brazos recogen y mantienen las cosas unidas, una estrategia comprobada del grupo pequeño ayudará al líder celular a reunir a las personas desde el tiempo de la bienvenida inicial hasta la oración final. Aunque el Espíritu Santo podría guiar la reunión de la célula de maneras inesperadas, Él espera que el líder del grupo pequeño tenga un plan.

Mónica llegó temprano para nuestra reunión del grupo celular. Ella empezó a abrir su corazón: «Yo estoy tan agradecida que ya no estoy viviendo con Andy. Me siento limpia por dentro, pero todavía es tan difícil; a veces siento como que lo necesito». Frank y Kathy llegaron a la mitad de nuestra conversación y agregaron sus propios pensamientos.

El Espíritu Santo me mostró que necesitábamos profundizar más, en lugar de reiniciar abruptamente la reunión de la célula con un rompehielos. Entrando en el entendimiento de las luchas de Mónica y deseando ayudarla, todos compartimos cómo Dios nos había librado de ataduras similares. El tema que yo había elegido para la lección era sobre el enojo, pero decidí hablar sobre la libertad de la esclavitud por medio del poder del Espíritu Santo. Dios se movió de una manera poderosa esa noche.

En esta ocasión particular, yo me sentía movido por el Espíritu Santo para desechar mis planes debido a una situación particular. Sin embargo, yo tenía un plan. En el noventa por ciento de los casos, yo sigo ese plan. Usted también podría sentirse movido a cambiar sus planes y hacer algo diferente; sólo asegúrese de tener una estrategia para su grupo pequeño. Las mejores reuniones de los grupos pequeños empiezan bien y acaban bien. Funcionan como nuestros brazos, conectando todo de una manera atractiva.

Algunas agendas celulares son mejores que otras. La agenda más útil que he descubierto es la siguiente: (en inglés se llama la de las 4 «W», por las palabras: «Welcome, Worship, Word, Works») «Bienvenida, Adoración, Palabra y Obras». Me agrada mucho este orden porque permite que el grupo:

➤ Experimente «los unos a los otros» de las Escrituras. El tiempo de la Bienvenida refuerza el compartir abiertamente acerca de nuestras vidas personales.

➤ Entre en la presencia de Dios. Nos acercamos a Dios durante el tiempo de Adoración y recibimos Su plenitud.

➤ Interactúe con la Palabra de Dios; Dios nos habla por medio de Su Palabra.

➤ Alcance a los que no son cristianos; el tiempo de las Obras ayuda para que el grupo se concentre en los que aún están afuera.

Este orden no producirá vida automáticamente en su grupo celular. Sin embargo, reforzará la obra de Dios entre los miembros de su grupo.

Las confesiones de un miembro celular cansado

Una pareja que ha asistido a mi grupo celular durante más de un año confesó al grupo: «Todos los jueves por la noche yo tengo que luchar con mis sentimientos para venir al grupo. Después de un intenso día de trabajo durante diez horas, yo preferiría estirarme delante de la televisión o jugar en la computadora. Vengo porque Dios siempre me ministra aquí, y estoy creciendo en mi fe cristiana».

PRESENTACIÓN DE ESTE ORDEN

BIENVENIDA – 15 MINUTOS

La mayoría de los miembros celulares están cansados cuando llegan al grupo. Han trabajado duro todo el día y probablemente no tienen deseos de sentirse *espirituales*. Algunos asistirán porque saben que tienen que estar allí, no porque *sientan ganas de asistir*. Empiece de una forma agradable, alegre. Permítales entrar tranquilamente en la vida del grupo.

El tiempo de Bienvenida normalmente empieza con una pregunta dinámica que rompe el hielo. Los mejores rompehielos son los que garantizan una respuesta. Se pueden adquirir libros enteros con buenos rompehielos, así que no debería experimentar una escasez en este sentido.[1]

La mayoría de las personas nos conoce por nuestra profesión. Somos conocidos como maestros, obreros de la construcción, doctores, amas de casa, etc. Un muy buen rompehielos nos mueve a hablar sobre nuestras aficiones, trasfondo familiar, o nuestras experiencias personales. El rompehielos une al grupo en una atmósfera familiar.

Algunos grupos celulares inclusive llegan a ofrecer algún bocadillo durante este tiempo de Bienvenida (la gente se abre más socialmente cuando tienen algunas papas chips en una mano y un refresco en la otra). Ésta es una gran idea, si no tiene un presupuesto muy ajustado. Sin embargo, no descuide el tiempo del refrigerio al final.

Pregunta de evaluación: Cuando usted ha terminado el *Tiempo de Bienvenida*, ¿los miembros del grupo se sienten más cómodos entre sí y están prontos para disfrutar el tiempo juntos?

¡Pruebe Esto!

Algunos buenos rompehielos

➤ ¿Quién era su maestro/a favorito/a de la escuela primaria, y por qué?

➤ Cuándo está estresado/a frustrado/a acerca de algo ¿qué hace?

➤ ¿Qué es lo mejor que le pasó en su vida el año pasado?

➤ ¿Cuál es su *hobby* y por qué le gusta?

➤ ¿Quién influyó más en su decisión de seguir a Cristo? ¿Qué relación tenía esa persona con usted (amigo, padre, maestro, etc.)?

➤ Pídale a cada persona que complete la frase: «Una palabra que me describe es...»

➤ ¿Cuál fue uno de los consejos más importantes que alguien le haya dado alguna vez?

➤ Describa su semana en colores.

➤ ¿Qué animal describe mejor ahora mismo su humor?

➤ ¿Cuánto perdonaría usted a un amigo cuando se siente defraudado por él?

ADORACIÓN—20 MINUTOS

La meta del tiempo de la *Adoración* es entrar en la presencia del Dios vivo y darle el control de la reunión. El tiempo de la adoración ayuda al grupo a ir más allá de la sociabilidad. Sin la presencia de Cristo, el grupo celular no difiere en nada de una fiesta de trabajo, una reunión familiar, o un encuentro de los amigos en un partido de fútbol.

Entrar en la presencia de Dios por medio de las canciones es una parte importante del tiempo de adoración. Asegúrese que todos tengan sus cancioneros. ¿Por qué?

➤ Los que visitan por primera vez se sentirán incómodos si no ven las palabras.

➤ Algunos creyentes nuevos o miembros de la iglesia no conocen los coros que cantan en su iglesia.

➤ Usted tendrá más libertad para cantar otras canciones nuevas.

> ### Cómo empezar el rompehielos
>
> Pista: no empiece la reunión diciendo: «El rompehielos para esta noche es…». Más bien, usted podría empezar diciendo: «Piensen en un tiempo cuando…».

No tiene que tocar la guitarra o cantar como Amy Grant para dirigir la adoración que honra a Dios. He tenido la experiencia de haber estado en tiempos de adoración en las que los miembros simplemente estaban volcando un ruido jubiloso (con énfasis en la palabra ruido). Dios no requiere un coro del tabernáculo. Él mira la motivación para cantar. Algunos grupos celulares prefie-

> ### Cada persona debe tener la hoja de las canciones
>
> Es más fácil si cada persona tiene su propia hoja de las canciones. Intentar sostener una hoja con las canciones para otros (más si sus manos se mueven) podría ser una experiencia inolvidable, pero no necesariamente positiva. Gasta un poco de dinero y asegúrese de que hayan suficientes cancioneros.

Ideas para la adoración[3]

Pase unos minutos glorificando a Dios y use el abecedario para describir Sus atributos. Ejemplos:

A – autoridad, amigo, amor, alto, alfa y omega,
B – bendito, baluarte,
C – compasivo, cuidador, conquistador, compañero, creador,
D – deseado, digno, don de Dios,
E – eterno, exaltado, estrella resplandeciente de la mañana,
F – fiel, fuerte, firme, fortaleza,
G – grande, generoso, guerrero,
H – hermoso, heredero de todas las cosas,
I – infinito, indescriptible, incansable, inmenso, imponente,
J – justo,
L – longánime,
M – magnífico, mediador,
N – noble, notable,
O – omnipresente, omnipotente (todopoderoso), omnisciente,
P – padre, puerta, perdonador, poderoso, profundo,
Q – querido, quita el pecado,
R – redentor, rey, resguardo de la tormenta,
S – sublime, sabio, salvador, santo,
T – terrible, torre alta,
U – único, universal,
V – victorioso, verdadero, virtuoso, vara,
X – examinador, expiador, excelente,
Y – ayuda en todo tiempo,
Z – zenit,

Después de repasar el alfabeto pida al grupo que alabe a Dios ahora por ser rey, o victorioso, o santo en sus vidas. Anime a cada persona que haga una oración corta de alabanza. Por ejemplo: «Te alabo por ser mi torre alta, el resguardo de la tormenta».

Lista para la preparación de la adoración

➢ **Prepárese.** Si es posible, toque o cante las canciones antes de comenzar la reunión.

➢ **Tenga confianza.** Nunca se disculpe por dirigir. Si comete un error, siga adelante. Ser un experto no es un requisito para dirigir la adoración. La gente no espera ver perfección.

➢ **Sea sensible.** Para dirigir la adoración se requieren tres pares de orejas: orejas físicas para oír cómo va la música, orejas mentales para calibrar la atmósfera del grupo, y orejas espirituales para oír lo que el Espíritu Santo está diciendo.

➢ **Sea auténtico.** Fije sus ojos en Jesús, el autor y consumador de nuestra fe (Hebreos 12:2). No permita que el hecho de dirigir la adoración principal llegue a ser una distracción de su propia adoración. Esto funciona mejor cuando está preparado.

➢ **Sea apasionado.** La adoración exige una participación apasionada. Comprométase totalmente con el proceso de la adoración mientras usted dirige.

➢ **Use las Escrituras.** El libro de Salmos es un recurso excelente para la adoración. Empiece por hacer que alguien lea un Salmo mientras el músico toca la primera canción de fondo. O, en determinado momento, pídale a alguien que lea una Escritura entre las canciones.

➢ **Sea positivo.** Concéntrese en el carácter de Dios (santidad, amor, poder, etc.). Este no es el momento de intimidar a la gente insistiendo en una fe más auténtica. Permita que el Espíritu Santo haga su obra de dar convicción. Elija las canciones que lleven a las personas a una íntima relación con Dios. Evite las canciones con músicas que distraen o melodías confusas.

➢ **La continuidad de la práctica.** La adoración debe ser un fluir sin sobresaltos conectado con todo lo demás que está pasando. Intente no hacer una pausa entre las canciones, pero siga adelante a la siguiente si es posible.

➢ **Termine bien.** Es mejor no terminar la adoración en forma abrupta, sino quizás pidiendo que algunas personas oren elevando a Dios palabras de exaltación y adoración.

ren pasar una grabación en cassette o un CD, mientras los miembros lo acompañan.[2]

El que dirige la adoración debe elegir cinco o seis canciones *antes* de comenzar la adoración. O quizás el líder de la adoración quiera invitar a los miembros de la célula a elegir las canciones *antes* del tiempo de adoración y luego cantarlas una tras otra. Pienso que es mejor concentrarse en Dios durante todo el tiempo de la adoración, en lugar de detenerse y seguir luego de elegir la siguiente canción. Me gusta intercalar la alabanza y la oración entre las canciones.

No limite el Tiempo de Adoración a cantar canciones. El líder de una célula me dijo lo siguiente: «Es importante el hecho más que cantar solamente las canciones. Nuestro grupo ha experimentado la presencia de Dios a través de la lectura de los Salmos juntos, elevando oraciones breves o incluso esperando en silencio».

➤ **Pregunta de Evaluación:** Cuando termina la adoración, ¿el grupo está concentrado en Dios y preparado para que Él ministre al grupo?

La Palabra – 40 minutos

El tiempo para la *Palabra* es cuando Dios habla a nuestros corazones a través de la Biblia. Existen abundantes recursos para ayudarle a preparar una lección de primera calidad. Uno de los mejores recursos es la Biblia Serendipity (en inglés).

Muchos grupos pequeños siguen el mismo tema y las Escrituras que el mensaje del domingo. Aun cuando éste sea el caso, es mejor NO discutir el sermón. Las personas deben interactuar con la Palabra de Dios, no con el sermón. Si el sermón mismo es el

---

Materiales en español de recursos para el grupo pequeño

➤ *TOUCH Outreach Ministeries* publican una vasta gama de materiales celulares, incluyendo varias guías para las lecciones:
http://www.touchusa.org/

➤ *BIOIGLESIA* es una página web dedicada al desarrollo natural de la Iglesia. Ofrece los materiales de Christian Schwarz.
http://www.bioiglesia.org/

Materiales en inglés de recursos para el grupo pequeño

➤ *Serendipity* tiene unos materiales excelentes para las lecciones, incluyendo la Biblia Serendipity para grupos.
Véalo en http://www.serendipityhouse.com/

➤ *La red para grupos pequeños,* una página web en línea dedicado a los grupos pequeños, proporciona muchos recursos.
http://www.smallgroups.com/

➤ *La Iglesia Comunidad Willow Creek* ofrece varios recursos en su página web: http://www.willowcreek.org/

➤ *Los navegantes* son famosos por su excelente material para grupos pequeños: http://www.navpress.org/

---

punto de referencia, los visitantes y los que faltaron al culto de la celebración se sentirán aislados.

Aunque la iglesia proporciona la lección, es fundamental que los líderes de los grupos pequeños examinen la lección y la apliquen según las necesidades que haya en el grupo.

Sin falta, Dios habla al grupo a través de Su Palabra y las personas reconocen sus necesidades. Yo encuentro que es muy eficaz solicitar pedidos específicos de oración después del tiem-

po de la lección. A menudo imponemos las manos sobre los que tienen necesidades especiales. Me agrada tomar los últimos diez minutos del tiempo de la *Palabra* para orar por las necesidades específicas del grupo.

➤ **Preguntas de evaluación:** ¿El grupo compartió honestamente y manifestó vulnerabilidad entre sí? ¿El grupo aprendió a caminar más en obediencia con Cristo durante la semana?

Obras – 15 minutos

La última parte de la célula, el tiempo de las *Obras* (o el tiempo del Testimonio), nos ayuda a enfocar en otros. No hay una

Sugerencias para el tiempo de oración

➤ Nunca obligue a alguien a orar. El temor de orar en voz alta podría impedir que alguien vuelva a su grupo. No ofenda a alguien inútilmente con esto.

➤ Enseñe sobre la oración. Para muchos, la oración es una experiencia nueva. Explique por qué oramos y a quién dirigimos nuestras oraciones. Es mejor que usted muestre a los demás cómo orar antes de pedirle al grupo que lo haga.

➤ Concéntrese en los pedidos de oración.

➤ Después de la lección es bueno terminar con un tiempo de oración silenciosa, mientras las personas examinan sus corazones. Luego pídale al grupo cuáles son sus peticiones. Pida a algunos miembros en el grupo que oren por esas peticiones, asegurándose de no pedir a los nuevos que oren en voz alta.

Seis tipos de oraciones de los grupos celulares

➤ **Oraciones temáticas:** una persona ora en voz alta, todos los demás están de acuerdo con la petición. Cuando nadie está orando otros oran también sobre el mismo tema. Ésta es una gran oportunidad para que el grupo se discipline para realmente estar de acuerdo entre sí en oración, no sólo escuchar.

➤ **Oraciones cortas:** Ore sólo oraciones de entre una a tres frases.

➤ **Oraciones simples:** Las oraciones no necesitan ser largas para ser poderosas. El líder debe enfatizar que las oraciones no necesitan ser complicadas.

➤ **Oraciones específicas:** Debemos pedir cosas específicas ya que Dios responde de maneras específicas.

«única manera» de hacer esto. El pensamiento principal que debe guiarnos en este tiempo es ALCANZAR A OTROS. La forma de alcanzar a otros puede variar de una semana a la otra.

➤ Orando por los que no son cristianos para invitar

➤ Preparando un proyecto social

➤ Planificando para la futura multiplicación

➤ Decidiendo acerca del próximo evento de evangelización para la célula (por ej., una cena, vídeo, picnic, etc.)

➤ Orando por las familias que no son cristianas

Un posible diálogo acerca de la evangelización podría parecerse a lo siguiente:

➤ El Líder de la célula: «Jorge, ¿a quién vas a invitar la semana que viene?»

➤ Jorge: «Voy a invitar a mi vecino».

➤ El Líder de la célula: «Muy bien; oremos un momento para que el vecino de Jorge responda a la invitación».

➤ El Líder de la célula: «Julia, y tú, ¿a quién vas a invitar la semana que viene?»

El líder podría decirle al grupo: «Recuerden de orar por nuestra nueva multiplicación que comenzará dentro de dos meses. Oren por Pancho que necesita completar el último curso de entrenamiento. Oren para que pueda estar listo para empezar el nuevo grupo celular».

Durante este tiempo, usted podría promover y planificar un proyecto social de evangelización. Estoy convencido de que los grupos celulares están perfectamente capacitados para satisfacer las necesidades físicas tanto de los que están dentro como de los que están fuera del grupo. Un grupo celular ofrece un medio singular y eficaz para tocar profundamente el corazón de una persona que no es creyente. La iglesia del Nuevo Testamento creció y prosperó por medio de la evangelización orientada a satisfacer las necesidades del grupo. Dios

Ideas para alcanzar a otros

➤ Descubra las habilidades manuales de los que van a la célula; luego coloque un aviso en una ferretería local ofreciendo hacer algunos trabajos gratuitamente.

➤ Anuncie trabajar sin pago para determinadas personas (cambiar el aceite en los vehículos de las madres solteras, por ejemplo)

➤ Comuníquese con el centro local de los ciudadanos en la tercera edad para ofrecer información de cómo mantener a los adolescentes lejos de las drogas.

➤ Ofrezca cortar el césped para algún vecino nuevo en el barrio donde está la célula.

Invitando a los no-cristianos

Pregunta: Yo tengo ocho personas en mi grupo celular que han sido miembros de la iglesia durante años, pero no quieren evangelizar a los incrédulos. ¿Qué debo hacer?

Respuesta: Probablemente estas personas han descubierto la comunidad, que es una cosa muy buena. Pero ellos temen que si incluyen a otros, perderán ese sentido de comunidad. La ironía de la reacción es que la única manera de mantener la comunidad es regalarla. Las células que no agregan nueva vida finalmente terminan por secarse y morir. Cuando una célula intenta mantener lo que tiene, el poder dador de vida del Espíritu se va. Tarde o temprano la célula se marchita.[4]

Como alcanzar a otros como un grupo

Todos los grupos pequeños podrían cuidar a una persona de su iglesia que está imposibilitada de trasladarse. Usted puede enviar tarjetas en los cumpleaños y en ocasiones especiales, haciendo por lo menos una visita por mes, llevando una comida para comer con ellos, y trayendo a las familias (incluyendo a los niños) cuando sea apropiado. Si hay muchas personas discapacitadas en su iglesia, cada unidad familiar podría tomar una para cuidar de la misma.[5]

está llamando a Su Iglesia a volver a este emocionante método de evangelización.

> **Otras ideas:** Llevar el evangelio a la comunidad visitando un hogar de ancianos, ministrando a los niños de la calle o ayudando en un orfanato.

> **Pregunta de Evaluación:** ¿Está Jesús trabajando por medio de nosotros para alcanzar a otros?

Ejemplo de un proyecto de evangelización

El libro de Esteban Sjogren *Conspiracy of kindness* (La conspiración de la bondad) proporciona ejemplos excelentes para la evangelización en grupo. Aquí hay algunos ejemplos:

> Mantener un lugar para el lavado gratuito de automóviles.

> En equipos de dos, cubra un barrio para ofrecer pilas gratuitas para los detectores de humo.

> En un vía para bicicletas, revise el aire de los neumáticos y ajuste la presión si es necesario.

> Tome fotografías gratuitas con una máquina Polaroid en un parque. Cuando las personas pregunten por qué, dígales simplemente: «Es solamente nuestra manera de mostrar el amor de Dios de una manera práctica; no hay ningún truco en esto».

¿FUERON EDIFICADAS LAS PERSONAS?

Durante el ministerio a Mónica que yo compartí en la historia introductoria, me di cuenta de la necesidad de hablar sobre la llenura del Espíritu Santo y Su poder para librarnos del pecado. Examinamos varios pasajes que se referían al deseo del Espíritu de llenarnos. Terminamos la lección de rodillas, buscando que el Príncipe de Paz nos llenara. Mi esposa y yo dimos la vuelta entonces e impusimos las manos en Mónica, Frank y Caty orando por ellos para que fueran llenos del Espíritu de Dios. Después, Pancho dijo bruscamente: «¿Cómo sabía que yo necesitaba esa lección? ¡Era justo para mí!».

La edificación significa literalmente construir o levantar algo. Pablo dice a la iglesia en Corinto: «¿Entonces, hermanos, qué podemos decir? Cuando os reunís, cada uno de vosotros tiene salmo, tiene doctrina, tiene lengua, tiene revelación, tiene interpretación. Hágase todo para edificación (de la iglesia)» (1 Corintios 14:26).

Pasos prácticos para la edificación en los grupos celulares

➤ El líder de la célula debe ser transparente y ser un modelo de lo que él espera que los demás sigan.

➤ Cultive un ambiente seguro para los que necesitan edificación.

➤ Pida a los miembros que lleguen a ser vasos usados por Dios para edificar a otros.

➤ Señale al que está siendo edificado el camino a Dios.

El asunto de edificar debe ser el principio que guía a la célula. Una reunión exitosa de un grupo celular es una en la que todos

No hay dos reuniones iguales

La Iglesia Amor Viviente en Tegucigalpa, Honduras, pide a sus líderes que cambien el orden con creatividad todas las semanas. ¿La razón? Para evitar la monotonía y aumentar al máximo la creatividad.

son edificados y animados en la fe. La norma para el éxito es si el cuerpo de Cristo fue edificado, o no; no si se cumplieron los cuatro pasos para las células.

Concéntrese en Cristo

El enfoque de su célula debe ser Jesús. Algunos quieren convertir el grupo en un estudio bíblico, otros en una cruzada evangelística, y todavía otros en un concierto de adoración. Algunos no piensan que es un grupo celular *verdadero* a menos que alguien hable en lenguas o profiera una profecía al rojo vivo.

Levante a Jesús en alto en su grupo, y Él le dará un buen equilibrio de estudio, adoración, evangelización y comunión. Quizás una semana usted pasará más tiempo en la Palabra, y otra semana se detendrá más en el tiempo de la adoración.

Recuerde que las cuatro partes de una reunión celular no son cuatro leyes. Son guías para ayudarle a concentrarse en el Señor Jesús y para aumentar al máximo la participación. Concentrándose en el Señor ayuda a proporcionar el equilibrio apropiado.

Puntos para recordar

Tener una agenda celular ordenada no garantiza el éxito del grupo pequeño. Sin embargo, vinculará los valores esenciales del grupo pequeño como son el compartir, la Palabra, la evangelización y la adoración. Como los brazos que recogen, una estructura probada proporcionará continuidad y propósito. Recuerde que:

> ➤ Las mejores reuniones celulares siguen un modelo predecible, pero no legalista:

>> • *Bienvenida* (edificando la relación)

>> • *Adoración* (entrando en la presencia de Dios)

- *La Palabra* (aplicando la Palabra de Dios a nuestras vidas)

- *Obras* (alcanzando a otros)

➤ Mida la reunión por lo siguiente:

  - ¿Las personas fueron edificadas?

  - ¿Cristo fue glorificado?

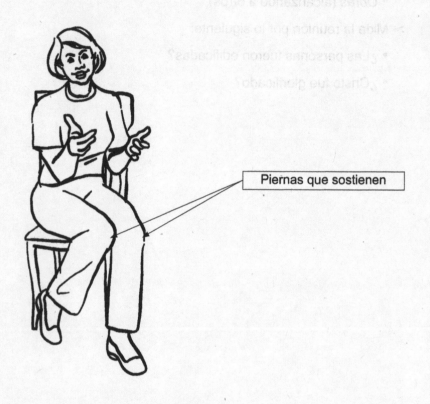

Piernas que sostienen

Piernas que sostienen

Nuestras piernas sostienen todo nuestro cuerpo y nos permiten caminar, correr y saltar. La facilitación de los grupos pequeños sostiene a los miembros del grupo dándoles la capacidad de ejercitar sus músculos espirituales, aplicar la Palabra de Dios a sus vidas y ministrar los unos a los otros.

CAPÍTULO 3
PIERNAS QUE SOSTIENEN:
FACILITANDO A OTROS

F ederico se preparó diligentemente durante toda la semana para su reunión con el grupo el jueves por la noche.[1] En ese tiempo yo conocía muy poco sobre el ministerio celular, y esperaba totalmente un estudio bíblico, completado con una exégesis, opiniones de comentaristas e ilustraciones. Para sorpresa mía, Federico habló muy poco esa noche. Con toda habilidad obtuvo la información de nosotros. Aunque había estudiado el pasaje de la Biblia a fondo, nos llevó para que excaváramos hallando nuestros propios tesoros. Él nos acribillaba con preguntas que nos obligaban a cavar más y más profundamente en el texto.

Yo salí de esa reunión con una nueva apreciación del poder de la participación en el estudio de la Biblia. Descubrí que la preparación diligente de la lección y la participación abierta no se excluyen entre sí.

Participación en el grupo

Roberto Wuthnow, que junto con Jorge Gallup condujeron un proyecto de investigación nacional con respecto a los pequeños grupos en los Estados unidos, concluyeron: «Los líderes… funcionan mejor cuando son sensibles a las dinámicas del grupo, dirigen la discusión, estimulan a los miembros a participar, y ayudan a mantener que todo siga funcionando bien en lugar de dominar la discusión ellos mismos.»[2]

El líder debe estar Fortalecido en el señor, con un conocimiento del tema Y el mismo haber ahondado.

El líder de celula debe Permitir.

Federico permitió que nuestro grupo pequeño descubriera la Palabra de Dios por sí mismo. Así como las piernas fuertes impulsan el cuerpo hacia adelante, Federico dio el ejemplo de cómo los facilitadores pueden animar a otros a participar.

Años después hice una visita inesperada a otro grupo celular. Durante la lección, la que dirigía mencionaba una vez tras otra numerosas palabras griegas. Pensé para mí: «¿Está intentando impresionarme con su conocimiento?» Ella citaba libremente otros comentaristas de la Biblia y terminó enseñando el noventa por ciento de la lección.

ERROR, no hay Motivación Para que los demás se desarrollen en la tal.

Cuando los otros se atrevían a comentar, ella asentía con vacilación. Sin embargo, rápidamente los cortaba, prefiriendo su propia voz autoritaria. «Estos pobres miembros del grupo parecen como si estuvieran embotellados», pensaba yo. «Tienen tantos deseos de abrir sus corazones.»

LOS FACILITADORES SE NIEGAN A PREDICAR Y A ENSEÑAR

Durante el verano de 1981, yo estaba haciendo varios trabajos, tratando de pagar mi último año en el Seminario Bíblico. Le pregunté al pastor de mi iglesia en Long Beach, California, si yo podría dirigir un estudio bíblico (¡yo anhelaba hacer alarde de mis conocimientos bíblicos recientemente adquiridos en el seminario!) Todos los martes de noche, yo reunía un grupo de personas en la pequeña librería de la iglesia y les enseñaba la Palabra de Dios. Yo no preparaba preguntas, ni esperaba la participación de los que asistían. Durante esos mismos meses de verano, prediqué también numerosas veces el domingo por la mañana. Dios proporcionaba oportunidades para que yo pudiera usar mis dones en ciernes.

Ciernes: En Fase de formación o elaboración, Sin haber Madurado.

Quizás usted ha sido llamado para enseñar o para predicar. Busque oportunidades para usar sus dones. Simplemente recuerde que la reunión celular no es una de esas ocasiones. Su trabajo es promover la participación entre los miembros del grupo. El enfoque del grupo celular es la aplicación personal del conocimiento bíblico a la vida diaria. Este énfasis va mucho más allá de la obtención de información. Es un tiempo en que hay confesión, sanidad interior, un compartir transparente y renovación.

En 1998, visité dos grupos celulares de profesionales jóvenes diferentes en el mismo mes. En uno de ellos, salí de la reunión sintiéndome remontar en alto, edificado tanto social como espiritualmente. El rompehielos cumplió su propósito; tiró abajo las paredes de la indiferencia y nos ayudó a conocernos los unos a los otros mejor. La adoración nos llevó a la presencia de Dios y cumplió nuestros profundos anhelos de Dios mismo. El líder guió a todos los miembros a participar en la lección de la célula. Todos exploramos la Palabra de Dios juntos. Después, todos los miembros expresaron sus necesidades personales durante el tiempo de la oración. Finalmente, los miembros de la célula se reunieron alrededor de la mesa con el refrigerio para interactuar socialmente; riéndose y compartiendo.

En el otro grupo, el líder se aferró a la mentalidad del miniculto. Interrumpió el rompehielos y dejó a todos colgados. Después de la adoración, abrimos nuestras Biblias. Con una Biblia en una mano y un documento que parecía un manuscrito en el otro, el líder procedió a dominar la reunión durante los próximos 40 minutos.

Mi espíritu estaba afligido por los jóvenes que estaban obligados a sentarse a escuchar otro

El principio 70-30

El líder de la célula habla sólo un 30 por ciento, mientras los miembros de la célula comparten el 70 por ciento del tiempo. Ésta debe ser la meta de cada líder.

culto. Él contestaba sus propias preguntas e incluso llegó a controlar el tiempo de la oración al final.

Este líder, como muchos otros, estaba tan cómodo oyendo su propia voz que seguía hablando y hablando. En varias oportunidades me sentí tentado a irrumpir en la reunión celular y abrirla para la discusión, pero me controlé, no quería avergonzar al líder. Me fui esa noche sintiéndome «embotellado».

Facultan: Autorizar, capacitor,
Comisionar, conceder, de lugar, habilita

LOS FACILITADORES FACULTAN A OTROS

La definición radical de «facilitar» es «hacer fácil». El facilitador es el siervo del grupo, facultando a los miembros para disfrutar de Dios y los unos de los otros. En lugar de enseñorearse sobre el grupo, el facilitador lava sus pies, ministrándoles en todas las oportunidades.[3]

Sinónimos de facilitar

Ayudar, aliviar, hacer fácil, facultar, autorizar, lubricar, hacer posible, allanar el progreso.

Los facilitadores de los grupos pequeños estimulan a los miembros del grupo a que digan lo que piensan. Les recuerda amablemente al grupo de facultarse escuchándose activamente los unos a los otros. La meta del grupo celular es la de fortalecer a otros por medio de la edificación mutua.

El facilitador podría preguntar: «¿Qué piensan los demás?» A todos los miembros se les pide que llenen los espacios en blanco y agreguen nuevas dimensiones. Después de que todos han tenido su turno, el facilitador resume los comentarios del grupo.

La comunicación en un aula tiene lugar entre el estudiante y el maestro (pregunta/respuesta). El maestro imparte la información mientras los estudiantes toman apuntes. La comunicación en un

Aula de clase no es una célula.

VISIÓN

El grupo celular de Celyce Comiskey

«No podía conseguir que se callaran», me decía mi esposa cuando reflexionaba sobre su grupo celular del martes por la tarde para las madres jóvenes. «Todas querían compartir sus luchas personales, y era tan difícil volver a la Biblia. Hay tantas ansias de compartir.»

grupo celular fluye entre todos los miembros. Elizabeth, una miembro de la célula, se siente tan libre para dirigir sus comentarios a Juan, otro miembro del grupo, como también a Juana, la facilitadora del grupo. A menudo el facilitador simplemente observa la comunicación que está sucediendo.

El facilitador no está tieso y pasivo sólo escuchando y no compartiendo. Un facilitador interactúa a la par de los otros miembros del grupo, compartiendo reflexiones personales, experiencias, y siendo un modelo transparente.

Al igual que Federico en la ilustración al comienzo, los facilitadores investigan las riquezas de la Palabra de Dios diligentemente con el propósito de facultar a los miembros a descubrir el tesoro de Dios para ellos. Ellos conocen los fundamentos del estudio bíblico inductivo, pero el fruto de su estudio resulta en una mayor participación.

Inductivo método que permite sacar conclusiones generales parti... endo de un hecho particular. Se basa en la observación, el estudio, y el experimen- tos los sucesos reales de la Palabra.

DICCIONARIO

Estudio bíblico inductivo

El estudio bíblico inductivo tiene lugar cuando una persona saca sus conclusiones de un versículo o versículos de la Biblia basados en su significado sencillo, en lugar de aceptar simplemente la explicación de un comentario o de una autoridad externa de la Biblia.

Recordemos la Pedagogía de Jesús Preguntas, parábolas,

Los facilitadores necesitan supervisión

Cuando empecé por primera vez a dirigir un grupo pequeño, yo asistía a una mega-iglesia. El pastor de los grupos pequeños se reunía con todos los líderes potenciales de los estudios bíblicos. Yo ya estaba dirigiendo un grupo pequeño (acerca de lo cual él no sabía), así que me reuní con él. Él bendijo mi actividad, y esa fue la última vez que tuve noticias de él. Yo no recibí cuidado pastoral, entrenamiento ni ayuda alguna para preparar las lecciones. En realidad, yo estaba dirigiendo un grupo pequeño independiente que actuaba como una iglesia en la casa (a veces asistían cuarenta personas).

En aquellos días, yo sentía que no era espiritual si preparaba mi «estudio bíblico» de antemano porque no quería *apagar el Espíritu*. Antes de comenzar la reunión, yo simplemente recibía *la Palabra de Dios* para el grupo. Luego durante el tiempo de la lección abría la boca esperando que Dios la llenaría. Bueno, Él la llenaba, pero a menudo con las mismas cosas que yo había compartido la semana anterior. Nunca me olvidaré de la noche cuando mi buen amigo y colíder, Bob Burtch, me llevó aparte y me dijo: «Joel, tú tienes

Iglesia en casa versus iglesia celular

➤ **Iglesia en la casa:** Una comunidad de 20-40 personas que se reúnen semanalmente. Todas las iglesias en las casas son independientes. Aunque existen algunas iglesias en las casas que pertenecen a una red, muchas no reconocen ninguna estructura aparte de ellas mismas.

➤ **Iglesia celular:** Los grupos pequeños están íntimamente vinculados a la vida de la iglesia local. Se espera que los que asisten a los grupos celulares asistan a la celebración (generalmente los domingos). Se espera que los que asisten a la celebración asistan a un grupo celular.

muchos talentos y habilidades, pero enseñar la Biblia no es uno de ellos».

Los líderes celulares necesitan supervisión para tener éxito. Si usted está dirigiendo un grupo celular actualmente, espero que tenga a alguien que le supervise. Si no, pídale al pastor titular que se reúna periódicamente con usted. Los líderes de los grupos pequeños necesitan interactuar con líderes más experimentados. Aprenda de las iglesias celulares de rápido crecimiento alrededor del mundo. Ellos no permiten que los líderes de los grupos pequeños funcionen solos; ellos los supervisan y mantienen un contacto cercano.

LOS FACILITADORES APRENDEN MIENTRAS DIRIGEN

No espere demasiado tiempo para usar sus dones y talentos. Usted no puede crecer a menos que ejercite sus músculos mientras va andando por el camino.

Un granjero quería entrar en el mundo de las carreras de caballos, así que compró un hermoso caballo de raza. Todos los días limpiaba el caballo y lo cuidaba. Él no quería que el caballo hiciera esfuerzos por temor a cansarlo físicamente, de modo que utilizaba su mula fiel para realizar los quehaceres de la granja. Cuando llegó el gran día de la carrera su preciado caballo apenas se podía mover. Sus músculos estaban flojos y atrofiados. El granjero no tenía otra opción sino entrar con su mula para la gran carrera.

No se siente a un costado esperando la gran carrera. Las personas aprenden mejor mientras practican lo que están aprendiendo. Algunos piensan que es mejor esperar hasta que realmente conozcan la Biblia. Yo les digo: «Usted nunca tendrá suficiente conocimiento de la Biblia. Incluso los maestros reconocidos y muy experimentados de la Biblia están aprendiendo continuamente».

Otros piensan que deben esperar hasta que estén listos para contestar todas las preguntas. «Usted no necesita contestar todas las preguntas», les digo yo. Es más, yo les estimulo a responder las preguntas difíciles de esta manera: «No estoy seguro cómo contestar esa pregunta, pero voy a investigarla esta semana, y entonces volveremos a considerarla». Esta posición humilde generará confianza entre usted y los miembros de su célula. Durante la semana, usted puede estudiar la Biblia, puede leer comentarios de la Biblia, y sobre todo puede ir a su supervisor o pastor para pedir ayuda.

Variedad de los dones entre los líderes celulares

Cuando reuní las estadísticas de 700 líderes celulares en ocho países. Descubrí que no había ningún don particular que distinguiera a los que podían multiplicar su grupo, de los que no podían. A continuación se muestra cómo los líderes celulares dieron sus propios dones:

- Enseñanza..............25,1%
- Liderazgo....................20.3%
- Evangelización........19,0%
- Cuidado pastoral..........10,6%
- Misericordia............10,6%
- Otros............................14.4%

Ningún don particular sobresalía como más importante que otro. No había un don del Espíritu particular, como el de la evangelización, que distinguiera a los que podían multiplicar sus grupos de los que no podían. Los líderes celulares con el don de la enseñanza no eran más propensos para multiplicar su grupo que los que tenían el don de la misericordia.

Dos cualidades esenciales de los facilitadores

¿Qué habilidades son necesarias para dirigir un grupo? Por lo menos dos: Se resumen en los grandes mandamientos: amar a Dios y amar a su prójimo. Todos los líderes de los grupos pequeños deben poseer estos dos atributos abundantemente.

Un sincero amor por Dios

Jesús, el Hijo de Dios dijo: «Amarás al Señor tu Dios con todo tu corazón, con toda tu alma, con toda tu mente y con todas tus fuerzas» (Marcos 12:30). Nadie ha llegado a la etapa de amar a Dios completamente. Las preguntas claves son: ¿Está creciendo usted en su relación de amor hacia Jesucristo? ¿Está disfrutando Su carta de amor diariamente? Dios usa a las personas que están creciendo en su amor hacia Él.

VISIÓN

Excusas comunes para no dirigir un grupo pequeño

➤ **Excusa #1:** «Yo tengo muy poco tiempo...»

Todos nosotros tenemos la misma cantidad de tiempo para invertir; la pregunta importante es como quiere usted invertirlo.

➤ **Excusa #2:** «Yo no he sido entrenado...»

Los prerrequisitos básicos para dirigir un grupo celular incluyen: Amar a Jesús, amar su Palabra y un deseo de ministrar a otros. Los líderes celulares nunca sienten que tienen bastante conocimiento. Todos los líderes celulares están creciendo y aprendiendo continuamente.

➤ **Excusa #3:** «Yo no soy lo suficientemente maduro en el Señor...»

Si usted es un cristiano joven, con hambre de Jesús, con un deseo de servirle, dirigir un grupo celular le servirá para dar un importante paso adelante en su crecimiento espiritual.

• La clave esta en una Relación Íntima con el y su Palabra

UN SINCERO AMOR POR OTROS

Jesús siguió el primer mandamiento con este segundo mandamiento: «Amarás a tu prójimo como a ti mismo. No hay otro mandamiento mayor que éstos» (Marcos 12:31). La frase probada a través del tiempo y repetida muy a menudo aún suena verdadera: *A las personas no les importa lo que usted sabe hasta que no sepan cuánto ellos les importan a usted.* Su éxito como un líder celular depende de su amor por los miembros de su célula. Más que cualquier otro atributo, Dios usa a los líderes que aman y cuidan a sus miembros. Cualquiera puede dirigir un grupo celular con éxito, si él o ella están dispuestos a amar a las personas.

¡RECUERDE QUE DEBE FACILITAR!

Recuerde a Federico. Él estudió las Escrituras fervientemente para facilitar la participación. Él facultó a otros dándoles una oportunidad para aplicar las Escrituras a sus vidas. Los facilitadores como Federico se niegan a convertir el grupo celular en otro culto de la iglesia. Las mercancías de la destreza del facilitador son las preguntas orientadas hacia su aplicación y relacionadas con la Biblia, un oído pronto para escuchar y una cariñosa preocupación por ellos.

PUNTOS PARA RECORDAR

Nuestras piernas ofrecen apoyo y fuerza al resto del cuerpo. Del mismo modo, el arte de facilitar apoya y estimula a todos los miembros a participar. Los líderes de los grupos pequeños eficaces facultan a otros para compartir y aplicar la lección a sus propias vidas. Recuerde que:

➤ Los facilitadores se niegan a predicar y a enseñar

➤ Los facilitadores facultan a otros

➤ Los facilitadores necesitan entrenamiento

➤ Los facilitadores aprenden mientras dirigen

➤ Dos cualidades esenciales para los facilitadores son:

• Un sincero amor por Dios

• Un sincero amor por otros

OJO:

Motivación Intrínseca que Proviene del Individuo Mismo. Esta Motivación Es la Más Importante. Por que Suelen haber. Motivaciones Por la Presión de otros y no porque el lo desen.

Los Lideres debemos ayudar. Para que las personas no. Pierdan Su Pasión.

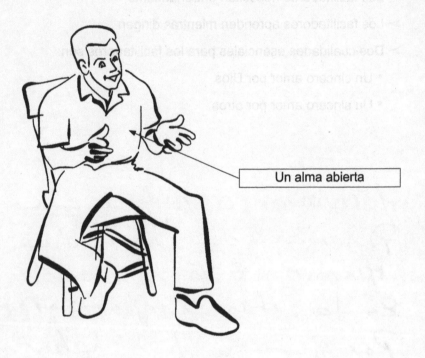

Un alma abierta

Un alma abierta

El alma es la entrada del cuerpo. Es esa parte inmaterial que refleja quiénes somos realmente. Los grandes líderes de los grupos pequeños no esconden sus almas detrás de la superioridad y superficialidad. Más bien, comparten honesta e íntimamente, empezando una reacción en cadena entre los miembros.

CAPÍTULO 4
UN ALMA ABIERTA:
PRACTICANDO LA TRANSPARIENCIA

«Joel, hay muy pocas vías de acceso a tu vida», me dijo mi hermano Andy. «Tú tienes la tendencia a siempre parecer bueno; siempre muestras tu lado bueno. A la gente le cuesta identificarse contigo», dijo él. La dolorosa verdad de las palabras de mi hermano calaron hondo en mi alma.

Andy conoce la importancia de un estilo de vida honrado y transparente. Dios lo libró de la homosexualidad hace veinticuatro años. Ahora Andy y sus esposa Annette constantemente magnifican la gracia de Dios en sus vidas ayudando a otros a superar sus problemas sexuales. Para Andy, esto significa compartir su testimonio continuamente. La comunicación abierta y transparente le ayuda a ministrar la gracia de Dios a otros. Las palabras de mi hermano siguen hablándome. Su consejo me ha movido a crear vías de acceso.

Sinónimos de vía de acceso
Puerta, entrada, acceso, accesibilidad, medios de acercamiento

Los líderes de los grupos pequeños exitosos abren sus corazones y sus almas y permiten que otros vean quiénes son realmente. No se esconden detrás de las apariencias externas e imágenes inventadas. Ellos comprenden que compartiendo sus debilidades realmente están cobrando fuerza. Crean vías de acceso que conducen a una más íntima comunión del grupo.

Mi buen amigo Bill Mangham es transparente por excelencia. Otros se sienten cómodos en presencia de Bill porque saben que él es real. No hace mucho Bill entró en mi casa y me mostró dos fotografías. Una revelaba a su hijo haciendo surf con éxito encima de una ola; la otra mostraba a Bill cayendo de bruces cuando intentaba hacer lo mismo. «Un ejemplo típico de Bill Mangham», pensé para mí. Bill consigue hacer amigos creando entradas. Él no trata de impresionar a los demás. De hecho, nunca he oído que Bill hiciera alarde de sus logros. No es necesario porque son tan evidentes. Bill es respetado por todos y constantemente lo elevan a las posiciones de liderazgo.

La fuerza de Pablo en la debilidad

Las palabras de Dios a Pablo: «Bástate mi gracia, porque mi poder se perfecciona en la debilidad» (2 Co. 12:9a).

Sin nada. Desnudos. Ésta es la realidad de nuestra situación delante de Dios. El escritor de Hebreos declara: «No hay cosa creada que no sea manifiesta en su presencia; antes bien todas las cosas están desnudas y abiertas a los ojos de aquel a quien tenemos que dar cuenta» (4:13).

Realmente no hay nada en la Biblia que hable acerca de la creación de vías de acceso. Hay, sin embargo, muchos ejemplos de vidas transparentes delante de Dios.

GUÍE EL CAMINO

Nunca se obtendrá la transparencia en el grupo a menos que el líder comparta algunas de sus grandes luchas. David Hocking dice: «Aprenda a admitir sus errores en presencia del grupo y disculparse sinceramente cuando las cosas salen mal o no resultan como esperaba... admitir el fracaso en medio del éxito es una clave para un buen liderazgo. Aprenda a ser abierto y honesto delante de los demás. Ellos le amarán por esto (¡o por lo menos se caerán de espaldas del susto!)».[1]

Si el líder siempre quiere dar la mejor impresión, los otros miembros de la célula harán lo mismo. Algunos líderes se imaginan que ellos están promoviendo la transparencia, pero sus testimonios no resuenan entre los miembros. «Ore por mí, yo realmente me estoy esforzando. Generalmente paso dos horas en oración diaria y leyendo la Biblia, pero últimamente he pasado sólo una hora...» ¿Cómo reaccionarán las personas? «Sí, correcto, como que ella realmente necesita de nuestras oraciones...» Probablemente la mayoría en el grupo se esfuerza para pasar 15 minutos en sus devocionales diarios.

No espere hasta tener un gran problema para compartir. ¿Qué hay de las pequeñas dificultades diarias que todos enfrentamos? La computadora que se descompuso, la larga espera en la cola o el retraso en el trabajo en su empleo.

La vulnerabilidad

«La confianza se edifica cuando nos hacemos vulnerables a los demás... Permitir que otros sepan lo que defendemos, lo que valoramos, lo que queremos, lo que esperamos, lo que estamos dispuestos (y no estamos dispuestos) a hacer, significa dar información acerca de nosotros mismos. Eso puede ser un riesgo...», argumenta Kouzes y Posner.[2]

El primer paso

Cuente su historia primero. Muy a menudo cometemos el error de hacerle una pregunta a la otra persona, poniéndola entre la espada y la pared. Al decir algo personal de uno mismo, se está tomando el primer paso hacia la creación de la confianza.[4]

Cuando se descompuso mi computadora, por ejemplo, compartí mi frustración con el grupo. «Ésta ha sido una semana terrible. No alcancé ni uno solo de mis objetivos. Estuve todo el tiempo tratando de hacer que mi computadora funcionara de nuevo.» ¡La gente podía sentirse identificada, y me veían como una persona real; en oposición al pastor Comiskey! Ralph Neighbour dice:

Hemos encontrado en la vida celular que los miembros del grupo serán típicamente tan transparentes y abiertos como el líder está dispuesto a ser. En otras palabras, los miembros del grupo raras veces «se arriesgarán» a ser transparentes y francos hasta que ellos hayan visto que alguna otra persona tome el mismo riesgo… La cuestión es si Dios quiere que todos seamos francos y vulnerables. Vivir en comunidad significa vivir en una relación, y vivir en una relación significa vulnerabilidad y transparencia.[3]

«Yo no sé cómo ser un modelo de transparencia», dice usted. «¿Cómo empiezo?» ¿Por qué no les pide a los miembros que oren por una área de debilidad o lucha en su propia vida? Al hacer una pregunta que requiere vulnerabilidad, comparta primero, estableciendo el modelo para que otros los sigan.

Usted no siempre necesita compartir problemas, temores o debilidades. ¿Qué hay acerca de sus deseos y planes? Ser transparente significa hablar sobre usted mismo de una manera honesta, permitiendo que otros conozcan sus aspiraciones, sus sueños y esperanzas.

HONESTO CON LOS DEMÁS

Todos hemos experimentado tiempos de «comunión» cuando todos intentaban impresionar a los demás. Uno siente que tiene que realizar un buen papel. Por otro lado, la verdadera comunión cristiana es transparente y honesta. Juan dice: «… si andamos en luz, como Él está en luz, tenemos comunión los unos con los otros, y la sangre de Jesucristo, su Hijo, nos limpia de todo pecado» (1 Juan 1:7).

Juan Wesley promovía el compartir abierto como la piedra angular de su iglesia celular en el siglo XVIII. Cuando Wesley falleció, dejó tras sí una iglesia de 100.000 miembros y 10.000 grupos celulares. Los grupos celulares de Wesley (llamadas reuniones de clase) generalmente duraban una hora, y el evento principal era «informar sobre la condición de su alma».[5] La clase comenzaba con una canción. Luego el líder compartía una experiencia personal, religiosa. Después, él inquiría sobre la vida espiritual de los miembros del grupo. La reunión giraba en torno al compartir de las experiencias personales durante la semana previa. Las reuniones de clase de Wesley se describen mejor con una palabra: «transparencia».

Los grupos celulares vibran con el compartir abierto y honesto. Se de-

Abra su vida a otros

Las relaciones entre las personas requieren de cierta intimidad. Y la intimidad demanda de cierta vulnerabilidad. Cuando permitimos que las personas nos conozcan en nuestros puntos de necesidad puede ser difícil, porque tememos el rechazo si descubren sobre nuestro «verdadero» yo.

El ejemplo de Frank y Kathy

Frank y Kathy fueron robados a punta de revólver mientras estaban con sus hijos. Cuatro días después, Frank y Kathy asistieron a nuestro grupo celular. Omitimos el tiempo del rompehielo, cantamos algunas canciones, y luego dedicamos el resto del tiempo a escucharlos (en oposición al ofrecimiento de nuestros consejeros). Durante los siguientes cuarenta y cinco minutos nos abrieron sus corazones.

rrumban las paredes de las heridas u ofensas. Tiene lugar la curación. Los asistentes a las iglesias que se pierden en los bancos de repente tienen un nombre y una cara. Las estadísticas en un papel de la iglesia se transforman en sacerdotes del Dios vivo. La iglesia empieza a cobrar vida mientras las personas se abren en el grupo celular pequeño y adoran libremente en el grupo grande de la celebración.

CONFIESEN SUS FALTAS UNOS A OTROS

Santiago, escribiendo a un grupo de creyentes, dice: «Confesaos vuestras ofensas unos a otros y orad unos por otros, para que seáis sanados. La oración eficaz del justo puede mucho» (Santiago 5:16). Hay sanidad cuando compartimos nuestros pecados y debilidades y luego oramos unos por otros. La preocupación mutua es la manera de combatir el desaliento y las caídas.

«Yo robé miles de dólares de mi compañía y ellos todavía no lo saben.» Así nos compartía Nancy. «Mi jefa puso su confianza en mí, y yo la engañé.» Nancy, una creyente recién convertida, confesó esto al grupo celular cierta noche. «Yo sé que debo ir ahora a ellos y debo confesar lo que hice. Estoy dispuesta a ir a la cárcel, si es necesario. Sin embargo, sé que, aunque esté en la cárcel, Jesucristo estará conmigo.» Ella nos pidió que oráramos por ella, sabiendo que al día siguiente ella estaría frente a los dueños de su compañía. Nosotros llevamos

Pautas para el descubrimiento del grupo pequeño

➤ Conózcanse unos a otros.

➤ Mantengan una estricta confidencialidad en el grupo.

➤ Lleven las cargas los unos de los otros.

➤ Sean responsables los unos de los otros.

su carga, oramos por ella esa noche, y nos dedicamos a orar por ella durante el día siguiente.

Ella me pidió que la acompañara para apoyarla moralmente. Mientras estaba sentado escuchando la confesión de Nancy delante de los dueños, mis ojos se llenaron de lágrimas. «Yo les robé mucho dinero [$60.000 dólares], y ahora que soy una creyente necesito corregir este mal. Estoy dispuesta a ir a la cárcel», dijo ella.

Fue un testimonio increíble delante de estos no cristianos. Se quedaron muy impresionados. Ellos le pidieron que devolviera el dinero pero fueron muy corteses con ella, e incluso llegaron a decirle que querían seguir siendo sus amigos.

Yo admito que se necesita tener mucho discernimiento. Hay un tiempo y un lugar para todo, y usted no necesita compartir todos los detalles de su vida con todos los que usted conoce. También necesita saber que lo que usted comparta será confidencial. Lo que es compartido en el grupo no debe salir fuera del grupo.

Aunque está bien mantener la cautela, he descubierto que como creyentes tenemos la tendencia a equivocarnos del lado conservador. Exponemos demasiado poco de nuestras vidas, así levantamos barreras en lugar de vías de acceso.

TRANSFORMACIÓN

La transparencia debe llevar a la transformación. Cuando una persona o una pareja revela una lucha, él o ella se está abriendo para solicitar ayuda. «Ore por mí.» «Ayúdeme.» El resultado deseado es el cambio. «Queremos dejar de pelear y empezar a entendernos», nos comparte posiblemente la joven pareja. Este compartir profundo surge de un sincero deseo de cambiar.

El grupo celular debe hacer que la pareja se sienta responsable de mejorar su conducta, no de un modo legislativo o legalista, sino por medio de un constante estímulo.

Responsabilidad en el discipulado de los grupos de Juan Wesley

Las preguntas que se hacían en todas las reuniones de la banda Metodista:

- ¿Qué pecados conocidos ha cometido usted desde la última reunión?

- ¿Qué tentaciones ha tenido?

- ¿Cómo fue liberado?

- ¿Qué ha pensado, dicho, o hecho, que puede ser o no ser pecado?

El escritor de Hebreos tenía en mente la transformación al decir: «... No dejando de congregarnos, como algunos tienen por costumbre, sino exhortándonos; y tanto más, cuanto veis que aquel día se acerca» (10:25).

La transparencia sin la transformación es superficial. Lo llamo un grupo celular para un *tiempo de sentimientos* o o unas *Vacaciones en el mar*.

La persona, habiendo descargado su alma, intencionalmente vuelve enseguida al fango. «Yo no encuentro tiempo para hacer mis devociona-

La transformación del grupo pequeño

«La prioridad de la santificación [el crecimiento de la santidad] es otra razón por la cual la iglesia necesita grupos pequeños muy integrados o células con un pacto para sostener y proteger su vida. Dichos grupos son tan importantes como las otras ayudas hacia la espiritualidad y la edificación que la iglesia proporciona», dice Howard Snyder.[6]

les», comparte Jaime. «Estoy demasiado ocupado.» El líder podría responder: «Oremos por Jaime». El grupo ora para que haya una transformación y para que Jaime vea la necesidad de poner al Dios vivo antes que sus logros. Sin embargo, si Jaime hace la misma confesión transparente semana tras semana pero no toma pasos concretos para dar prioridad a Dios en su tiempo, sería correcto asumir que él quiere la transparencia sin la transformación.

GUÍE AL GRUPO A NIVELES MÁS PROFUNDOS DE COMUNICACIÓN

Un grupo no se abrirá de repente. Hay pasos para llevar a un grupo a niveles profundos de intimidad. Durante las etapas iniciales, su grupo compartirá las últimas noticias acerca del tiempo, los deportes, eventos en la iglesia, o relacionadas con el trabajo. Lentamente, el grupo entrará en nuevos niveles de intimidad. Usted, el líder de la célula, debe guiar al grupo hábilmente a estos nuevos niveles.[7]

➤ **Nivel Uno:** Charla de todos los días (del tiempo, etc.). Aquí es donde tienen lugar las conversaciones casuales; las charlas superficiales de lo diario. Por ejemplo: ¿Cómo está usted hoy? El tiempo realmente ha estado frío.

➤ **Nivel Dos:** Información o hechos. En este nivel, los miembros del grupo intercambian hechos. Ejemplo: Justamente hoy escuché que van a subir más todavía el precio de la gasolina.

➤ **Nivel Tres:** Ideas y opiniones. En esta etapa los miembros se sienten bastante seguros como para defender sus ideas, sabiendo que nadie va a cuestionar lo que dicen. Por ejemplo: Yo pienso que el gobierno debe poner límites en los precios de la gasolina. Si los precios siguen subiendo, la economía en general va a sufrir.

Varios niveles de comunicación

➤ **Nivel uno:**

Patty: Hola Paulina. ¿Cómo fue tu viaje a California?

Paulina: Lo disfruté mucho.

Patty: ¿Qué hiciste?

Paulina: Pasé la mayor parte del tiempo visitando a mi familia pero también fui a varios lugares con mis amigas.

Paty: Parece que te divertiste.

➤ **Nivel dos:**

Paulina: Sí, es verdad, pero también fue difícil.

Patty: ¿Por qué?

Paulina: Bueno, parece que hay tanta corrupción hoy día: en las noticias, en las calles, por todas partes.

➤ **Nivel tres:**

Patty: Yo sé lo que quieres decir. Posiblemente has oído que Elena, tú sabes, la que es la estrella de su propio *show* de televisión se declaró lesbiana. Me enojé… Quiero aprender a amar a a los homosexuales, pero a veces me siento mal, con tan poco amor para ellos.

➤ **Nivel cuatro:**

Paulina: Para mí, el lesbianismo no es algo de lo cual yo simplemente oigo hablar. Yo antes era lesbiana y Dios me rescató hace cinco años de ese pasado. Todavía lucho con mis tendencias sexuales hacia las mujeres, pero Dios me da fuerzas todos los días.

> **Nivel Cuatro:** Sentimientos: Lo que realmente está pasando en nuestras vidas. En este nivel los miembros del grupo se sienten bastante seguros como para compartir sus sentimientos. Por ejemplo: Me he sentido deprimido todo el día, y no estoy seguro por qué. Ésta es la fase donde los miembros del grupo comparten sus sueños, esperanzas, miedos y fracasos. La transparencia personal conduce a un sentimiento de ser conocidos como quienes somos realmente. La verdadera intimidad está en este nivel. Por ejemplo: Me gusta viajar, pero lucho con los efectos que tiene sobre mi familia. Cuando volví de mi último viaje, me di cuenta de que mi familia me necesitaba de veras. Ore por mí esta semana cuando viajo a...»

El grupo entrará a niveles más profundos al ir madurando. El líder es la clave para guiar al grupo a nuevos niveles y debe crear la atmósfera en la que todos se sientan libres para compartir. Cuando se realicen preguntas indefinidas de aplicación, los miembros del grupo hablarán sobre lo que realmente está en sus corazones y mentes.

Viva honestamente delante de Dios y de los demás

La vida transparente comienza con un encuentro diario con Dios en sus devociones personales y luego comunicándose honestamente con Él a lo largo del día. Pídale a Dios diariamente

Encuentre a un co-mentor

> Encuentre a uno o dos amigos íntimos con los cuales pueda reunir a menudo (semanalmente, cada dos semanas o en forma mensual).

> Tenga como propósito compartir sus debilidades y pruebas con esta persona.

> Escuche bien las necesidades de su amigo, y que él escuche las suyas.

> Oren juntos por las necesidades expresadas.

> Terminen con oración.

que lo transforme para ser honesto y transparente cuando pasa su tiempo consistente en Su presencia. Después de vivir de una manera transparente delante de Dios, póngase como meta compartir sus propias debilidades y pruebas con las personas con las que se relaciona a diario. No se sienta siempre como que tiene que parecer bueno delante de los demás. Permítale a Dios que sea fuerte en sus debilidades.

Las palabras de mi hermano Andy me siguen hablando hoy día. Por cierto, yo no he llegado a la meta. Todavía tengo la tendencia de causar una buena impresión en los demás y a esconderme detrás de una apariencia de fuerza. Sin embargo cuando medito en Su gracia y comprendo que Él se glorifica en mi debilidad, soy estimulado a vivir honestamente delante de Dios y de los demás. Ahora es su turno: ¿Hay muchas vías de acceso en su vida?

PUNTOS PARA RECORDAR

Los líderes celulares eficaces no se esconden detrás de la superficialidad, actuando como si no fuera espiritual tener que experimentar el dolor y los problemas. Más bien, desnudan sus almas por medio de una honesta transparencia. Ellos comparten profundamente, motivando al resto del grupo para seguir su ejemplo. Recuerde:

➤ Sea un modelo de transparencia ejemplar para que los demás miembros hagan lo mismo.

➤ A menudo el mandato bíblico de confesar las faltas unos a otros tiene lugar en la reunión de la célula.

➤ Apunte hacia la transformación en lugar de dar simplemente la información.

➤ Guíe al grupo a niveles más profundos de comunicación.

➤ Encuentre un mentor que lo ayudará a vivir honestamente delante de Dios y de los demás.

Una mente inquisitiva

Una mente inquisitiva

La mente humana les facilita a los líderes de los grupos pequeños el pensar, el reflexionar y el tomar decisiones. Usando la mente, un líder puede preparar preguntas que producen una mayor participación y estimulan a un diálogo fluido. Las preguntas bien diseñadas convierten las reuniones secas y aburridas en una creativa interacción.

CAPÍTULO 5
UNA MENTE INQUISITIVA:
HACIENDO PREGUNTAS ESTIMULANTES

Hace poco tiempo, Pedro aceptó mi desafío para dirigir cuatro lecciones consecutivas. Dos de ellas eran tan secas como un hueso, mientras que las otras giraron en torno a una emocionante discusión. ¿La diferencia? Las preguntas de Pedro. En todas las cuatro lecciones, él escuchaba atentamente, llamaba a los miembros individualmente por sus nombres, y tuvo la precaución de no dominar. En otras dos ocasiones, sin embargo, él hizo preguntas que estimulaban a la participación. A menudo la diferencia entre la discusión eficaz y el tipo que termina en un silencio embarazoso tiene que ver con el tipo de pregunta que el líder realiza.

Mientras entrena su mente para identificar y preparar preguntas estimulantes y abiertas, su pequeño grupo volará alto. Las personas saldrán edificadas, haciendo planes para volver la semana siguiente.

PREGUNTAS CERRADAS VERSUS PREGUNTAS ABIERTAS

Durante las dos reuniones con menor éxito, Pedro enfocó completamente en el pasaje de la Biblia. Estábamos tratando el libro de Jonás, así que Pedro preguntó: «¿Adónde huyó Jonás?» «A un barco que partía para Tarsis», contestó un miembro. «Muy buena respuesta», dijo Pedro. «¿Nadie más?» Silencio. «¿Por qué huyó Jonás?» preguntó Pedro. «Porque era desobediente»,

dijo otro miembro. Pedro intentó conseguir que más personas hablaran. «¿Alguien más quiere compartir?» Algunos balbucearon alguna variante de la misma respuesta, pero al fin de cuentas, sólo había una respuesta: Jonás era desobediente.

Pedro escuchaba atentamente, daba respuestas positivas y hacía todo bien. ¿Qué más podría decir el grupo? Había básicamente sólo una respuesta para dar. Jonás huyó porque era desobediente. Alguno podría haber agregado algunos adjetivos más, como por ejemplo: «Jonás era tremendamente desobediente», pero ¿por qué molestarse? Ni siquiera un líder extraordinario, muy especializado podría obtener una mayor discusión de esa pregunta. Pedro podría estar en silencio por una hora, esperando que alguien más hablara, y yo me habría sentado allí en silencio con él.

Algunos días después yo hablé con Pedro. Compartí con él mis propios fracasos y descubrimientos; sobre todo en el área de hacer preguntas.

Algo sucedió en Pedro y la próxima lección fue excelente. Estudiamos Salmos 46:1: «Dios es nuestro amparo y fortaleza, nuestro pronto auxilio en las tribulaciones». Pedro empezó con unas preguntas cerradas y de observación para ayudarnos a entender el texto bíblico. Pero esta vez él aplicó el pasaje bíblico rápidamente a nuestras propias vidas, con preguntas como las siguientes: «¿Cuándo fue la última vez que usted tuvo una crisis? ¿Cómo la manejó?» Después Pedro siguió con otra pregunta de aplicación: «¿Cómo fue que Dios llegó a ser un refugio en su vida por medio de esa crisis?»

Todos teníamos algo que compartir. «Hace muchos años yo administraba el negocio de sastrería más exitoso en el país», nos empezó a decir Pablo. «Yo amaba mi trabajo e incluso hacía trajes para el presidente. En la culminación de mi éxito, los doctores me dijeron que era mi salud o mi trabajo, así que tenía que dejarlo. Pero Dios...»

Entonces Carol compartió, diciendo: «Hace poco mi hija María dijo que estaría en casa a las diez de la noche, pero a la una de la mañana ella todavía no había llegado. Yo soy una persona nerviosa de todas maneras, pero esta vez yo ya estaba fuera de mí. Por medio de la oración Dios empezó a...» Esa noche nuestro grupo compartió muy bien. Llevamos las cargas los unos de los otros. Nos fuimos edificados, animados y ávidos por regresar para recibir más.

Preparar las preguntas correctas antes de empezar la reunión puede darle la seguridad de que la discusión será viva y dinámica. Las preguntas cerradas tienen una respuesta correcta. Cuando un líder las usa demasiado, él se coloca en la posición de un experto de la Biblia que trata de descubrir al estudiante más brillante y con mayor conocimiento bíblico.

Las preguntas abiertas, por otro lado, provocan la discusión y el compartir. Hay más de una respuesta correcta. Las preguntas abiertas mueven a los miembros de la célula a la aplicación de las verdades bíblicas a sus propias vidas.

PREPARACIÓN DE PREGUNTAS DINÁMICAS

Miremos un ejemplo del pasaje conocido de Juan 3:16: «De tal manera amó Dios al mundo, que ha dado a su Hijo unigénito, para que todo aquel que en Él cree no se pierda, sino que tenga vida eterna».

OBSERVACIÓN

Usted podría empezar con una pregunta cerrada de observación, como por ejemplo: «¿Cómo demostró Dios su amor por nosotros?» La respuesta se encuentra dentro del texto. En este

Preguntas para no preguntar[1]

Texto Mateo 16:13-18 (la confesión de Pedro).

➤ **La pregunta tipo «ametralladora».**

Pregunta: Dé tres razones por qué Jesús preguntó a los apóstoles qué pensaban quién era Él, y dígame cómo contestaría Su pregunta.

Problemas: Incluye más de una pregunta, sin embargo parece que busca una respuesta específica. Tome en cuenta que no es concisa ni se puede contestar. Cuando una pregunta es demasiado compleja incluyendo varias otras artes y cláusulas, los participantes tienden a quedar confundidos.

➤ **La pregunta «fuera de su alcance».**

Pregunta: ¿Cuáles son las implicaciones teológicas de la aclamación de Pedro con respecto a las doctrinas Trinitarias versus las doctrinas Unitarias, y qué implica eso con respecto al argumento ontológico?

Problemas: Esto está más allá del alcance de todos, excepto los profesores del Seminario Bíblico en su grupo. (No es claro, coherente, conciso ni creativo. También puede ser desconsiderado.) Es posible que usted no haga una pregunta tan ridícula, pero tenga cuidado de no hacer preguntas que usted entiende, pero que igualmente están fuera del entendimiento de la mayoría de las personas que están en su grupo.

➤ **La pregunta «¿Qué dijo usted?».**

Pregunta: ¿Cómo se sintió usted cuando repitió la buena confesión?

Problema: Definitivamente no toma en consideración a los miembros, y quizás no esté completa. ¿Todos sus miembros ha repetido la buena confesión? Si su grupo es nuevo, ¿esto sería demasiado rápido y demasiado personal?

➤ **La pregunta tipo «examen».**

Pregunta: ¿Qué tres actitudes estaba buscando Jesús cuándo hizo esta pregunta?

Problemas: Ésta no es una pregunta para la discusión; es una prueba. Está buscando una respuesta «correcta» (en realidad, tres). Tampoco es completa. ¿Cómo sabría cualquiera cuáles eran las actitudes que Jesús estaba buscando?

➤ **La pregunta «de la estratosfera».**

Pregunta: ¿Qué estaba pasando por la mente del apóstol Juan cuando Pedro contestó la pregunta de Jesús?

Problemas: ¡Cómo podría alguien saberlo realmente! Es una pregunta incompleta y no muy desafiante. Posiblemente podría cambiar la pregunta y decir, por ejemplo: «Si usted fuera el apóstol Juan, en qué estaría pensando?»

caso, usted simplemente les está pidiendo a las personas que *observen* y contesten lo que ven en el versículo. Hasta un hindú que nunca hubiese leído la Biblia podría contestar la pregunta: «Dios demostró su amor enviando a Su Hijo».

Es grandioso incluir algunas preguntas de observación al principio de la lección de la célula. Estas preguntas ayudarán a sus miembros a entender el significado del pasaje de la Biblia.

INTERPRETACIÓN

Usted podría dar un paso más adelante y pedir a los miembros de la célula que interpreten lo que significa el versículo, sin embargo esta pregunta es también en su mayor parte una pregunta cerrada. Por ejemplo, usted podría preguntar: ¿Qué clase de amor demostró Dios? Algunas podrían hablar sobre el amor sacrificatorio de Dios; otras podrían referirse a la compasión paternal de Dios.

El líder podría estar dispuesto a hablar sobre la palabra griega *ágape,* que se refiere al amor de Cristo que se sacrificó a sí mismo en la cruz. Mientras hay espacio para algunas preguntas semejantes de interpretación para entender la Biblia mejor, ésta no es la meta del grupo celular. Si usted usa este tipo de pregunta con demasiada frecuencia, sus miembros saldrán con mucho conocimiento pero muy poca transformación en sus propias vidas.

Las preguntas de observación y de interpretación nos ayudan a entender la Biblia, pero por lo general son preguntas cerradas. Alcanzan la cabeza pero no el corazón. Pueden proporcionar información bíblica muy útil, pero generarán muy poca interacción.

APLICACIÓN

Miremos una pregunta de aplicación abierta que tiene que ver con Juan 3:16. Se podría decir: «Describa su experiencia cuando entendió por primera vez que Dios le ama». Después, podría pedirle a uno de los creyentes en el grupo lo siguiente: «Susana, ¿podría compartir lo que pasó cuando experimentó por primera vez el amor de Dios?»

Ejercicio de práctica

Filipenses 4:13: «Todo lo puedo en Cristo que me fortalece».

➤ **Preguntas de observación:** «¿Cuántas cosas podemos hacer con la fortaleza de Dios?»

➤ **Preguntas de interpretación:** «¿Por qué se aplica este versículo sólo a los creyentes?

➤ **Pregunta de aplicación:** «¿De qué manera Cristo le ha dado fuerza la semana pasada?»

Esta forma de pregunta/exhortación toma el versículo tan conocido en Juan e invita a los miembros a que lo apliquen. De este modo muchos compartirán. También podría hacer una pregunta como la siguiente: «¿Cómo vino usted a saber que Dios le ama? ¿Habló alguien con usted acerca de Dios? ¿Estaba solo en su cuarto? Comparta su experiencia».

CAUTIVE EL CORAZÓN

Hace algunos años visité una célula donde se estaba discutiendo la parábola del siervo implacable en Mateo 18:21-35. El líder de la célula hizo pregunta tras pregunta acerca de lo que el texto decía (observación), luego algunas preguntas más sobre el significado del texto (interpretación), pero ni una vez les pidió que aplicaran estos versículos a sus propias vidas. Él perdió una tremenda oportunidad. Él podría haber dicho: «Comparta una experiencia cuando sintió amargura hacia otra persona». Luego podría haber dicho: «Comparta cómo usted superó esos sentimientos y pudo perdonar a esa persona». Muy probablemente había personas esa misma noche que necesitaban ser liberadas de su amargura reprimida y que anhelaban compartir con otros.

Asegúrese de cautivar el corazón durante la lección de la célula. No permita que la gente se vaya sin haber aplicado la Biblia a sus propias vidas. Conozco un líder celular a quien le gusta concluir el tiempo con la Palabra diciendo: «A la luz de lo que hemos leído y discutido en este pasaje, ¿cómo piensa usted que Dios quiere usar esto en su vida o en la vida de este grupo?»

Yo recomiendo, por lo menos, una pregunta de aplicación por cada dos preguntas de observación/interpretación.

Christian A. Schwarz y su equipo del Instituto para el Desarrollo de la Iglesia en Alemania ha demostrado que la aplicación directa a las necesidades inmediatas hace la diferencia entre un grupo pequeño eficaz e ineficaz. Ellos analizaron las contestaciones de 4,2 millones de personas, de más de mil iglesias en treinta y dos países. Schwarz concluyó que los grupos pequeños exitosos deben ser. «… grupos pequeños holísticos que van más

¡Prueba Esto!

Preguntas que cautivan el corazón

➤ **Ejemplos de preguntas que genera discusión:**

- ¿Cómo se siente usted acerca de…?
- Comparta su experiencia sobre…
- ¿Por qué siente usted de esta manera?
- ¿Qué haría usted con respecto a…?

➤ **Ejemplos de preguntas cerradas que producen una repuestas?**

- ¿Qué dice este pasaje acerca de…?
- ¿Está de acuerdo usted con este pasaje…?

Preguntas que valen la pena ser repetidas

Las preguntas deben enfocar en el significado principal del pasaje y su aplicación. Aquí hay cuatro preguntas que pueden usarse repetidamente con alguna variación:

➤ ¿Qué se destaca en este pasaje?

➤ ¿Cuál parece ser el punto principal de este pasaje?

➤ ¿Puede ilustrar usted esta verdad con una experiencia en su vida?

➤ ¿Qué le está diciendo Dios ahora?

allá de discutir simplemente los pasajes de la Biblia, y puedan llegar a la aplicación de su mensaje a la vida diaria». En estos grupos, los miembros pueden plantear los problemas y las preguntas que son inquietudes personales inmediatas.[3]

APUNTE A LA TRANSFORMACIÓN

Todas las lecciones deben darles algo a las personas para sentir, recordar y hacer. La meta del grupo celular es la transformación de las vidas, y no tanto la acumulación de conocimientos. Por esta razón, es importante recordar a los miembros de la célula sobre el desafío de la semana anterior y determinar si pasó algo importante.

El líder podría empezar el tiempo de la lección diciendo: «Ustedes recordarán que la semana pasada hablamos acerca de 1 Juan 3:16-17». Quiero volver a leer estos versículos: «En esto hemos conocido el amor, en que Él (Jesucristo) puso su vida por nosotros; también nosotros debemos poner nuestras vidas por los hermanos. Pero el que tiene bienes de este mundo y ve a su hermano tener necesidad y cierra contra él su corazón, ¿cómo mora el amor de Dios en él?» Luego pregunte: «¿Puede alguien dar un testimonio sobre un acto de bondad que se hizo a alguien durante la semana pasada?»

Simplemente espere en silencio por unos momentos. Si nadie comparte, por lo menos ellos sabrán que usted está esperando que ocurra una transformación a raíz de la lección de la célula, en lugar del mero conocimiento bíblico. Si usted empieza la lección todas las semanas preguntando cómo las personas actuaron con respecto a la lección anterior, los miembros empezarán a buscar maneras de aplicar la lección. Esto requiere vulnerabilidad en su propia vida también. Si usted no actuó según lo expresado en la lección de la semana anterior, admítalo. Las personas apreciarán su honestidad.

> **¡Prueba Esto!**
>
> **Aplique mientras avanza**
>
> Algunas lecciones de 5 a 10 preguntas cerradas y luego terminan con una sección que se llama «aplicación». Es mucho mejor aplicar mientras va avanzando. Debe haber una interacción constante entre la observación, la interpretación (con un énfasis mayor en la aplicación). Al llegar a la tercera pregunta, el líder debería estar sondeando profundamente, haciendo que los miembros interactúen activamente los unos con los otros.

EXPLIQUE EL PASAJE CLARAMENTE

Aunque la lección esté basada en las preguntas, los miembros deben entender el contexto general del pasaje bíblico para contestarlas.

¡No se siente en silencio durante una hora, esperando una contestación! Si los miembros del grupo no entienden la pregunta, sus caras confundidas lo revelarán. Quizás hay confusión porque ellos no entendieron el contexto bíblico. En las mentes de los oyentes, la pregunta quedó en el aire, sin una base concreta.

Yo recomiendo, por lo tanto, que el líder inicie la lección de la célula (el tiempo con la Palabra) explicando el contexto general y

el significado del pasaje. El líder podría usar preguntas cerradas, de observación, para aclarar el significado, pero por lo general es muy útil dar una explicación breve del pasaje.

No hay ninguna excusa para el estudio bíblico desprolijo, superficial. Algunos piensan erróneamente que las lecciones participativas basadas en preguntas no requieren tanto tiempo de preparación como los estudios bíblicos dados como monólogo. ¡Equivocado!

LIMITE SUS PREGUNTAS

Uno de los errores más comunes en las agendas de las células es la inclusión de demasiadas preguntas para discutir. Algunos líderes celulares se sienten obligados a cubrir todas las preguntas; incluso cuando hay diez o más.

Durante un buen tiempo con la Palabra se harán de tres a cinco preguntas. Si los líderes celulares intentan cubrir más de eso, los extrovertidos en el grupo dominarán toda la reunión.

Mi consejo es que se les permita a las personas que se vayan a sus casas sintiendo hambre para recibir más, en lugar de un compromiso como para no volver nunca más a una reunión celular tan larga y aburrida. Pienso también que es importante dejar tiempo para la oración después de la lección de la célula. Es mejor alcanzar un *crescendo* de un compartir profundo que conduzca naturalmente a un orar profundo.

DEBERES ESCRITOS Y LAS PERSONAS NUEVAS

Algunos grupos pequeños siguen una guía de estudio o libro que todos los miembros deben comprar, estudiar durante la semana, y traer a todas las reuniones celulares.

¿Qué es una reunión del «montón» (Huddle)?

Una reunión del montón es una reunión entre los líderes celurares y los supervisores. Podría ser un tiempo del supervisor con el líder celular solos o un tiempo de un grupo donde están el supervisor y los cinco líderes celulares. Algunos supervisores están a cargo de hasta doce líderes celulares (esto se llama un grupo G-12).[4]

Yo no recomiendo esta práctica para los grupos celulares continuados y abiertos. ¿Por qué? Por una razón principal práctica. ¿Cómo se sentiría usted si fuera por primera vez a una reunión, y todos menos usted ya tenían las respuestas a las preguntas del líder por escrito? ¿Intimidado? Seguramente, y es muy probable que yo nunca volvería (¡sobre todo si el grupo está en el medio del libro de Apocalipsis!)

El lugar perfecto para los estudios escritos guiados es la reunión del «montón» (Huddle) entre los líderes celulares y los supervisores. El grupo celular, sin embargo, siempre debe darle el beneficio de la duda a la persona que ingresa al grupo por primera vez.

ES LA PREGUNTA

Es la pregunta, líder de célula. Es simplemente una posibilidad, que la falta de participación en su grupo celular es el resultado de demasiadas preguntas cerradas y no por que carezca de habilidades como un líder de un grupo pequeño. Antes de desanimarse demasiado pensando que carece de habilidades para la comunicación, examine las clases de preguntas que ha estado usando. Comience por asegurarse de incluir preguntas abiertas de aplicación hacia el principio de la lección de la célula, y vea cómo su grupo celular recobra vida.

Puntos para recordar

Los líderes celulares exitosos usan sus mentes para crear preguntas de aplicación estimulantes que promueven la participación. Ellos comprenden que a menudo las palabras utilizadas en la pregunta hacen toda la diferencia entre el éxito y fracaso. Recuerde que:

➤ Las preguntas abiertas son preferibles a las preguntas cerradas.

➤ Aplique la Biblia por medio de las preguntas de aplicación.

➤ Apunte a la transformación en lugar de la información.

➤ Explique el pasaje claramente para aplicarlo.

➤ Limite el número de preguntas a aproximadamente cinco.

Oídos que escuchan

Oídos que escuchan

Oídos que escuchan

Los grandes líderes celulares dan prioridad a la acción de escuchar a los demás, sabiendo que todos tienen una historia que necesita ser oída. Dios nos ha dado dos oídos y una boca por una razón. El ambiente del grupo pequeño es perfectamente apropiado para que las personas se escuchen activamente.

El Presidente Theodore Roosevelt, conocido como un hombre de acción, también era un gran oyente. Él esperaba encontrar esta cualidad en otras personas. Cierta vez, en un baile de gala, él se cansó de encontrarse con personas que le devolvían sus comentarios con ceremoniosos y tontos cumplidos. Así que empezó a saludar a las personas con una sonrisa, diciendo: «Asesiné a mi abuela esta mañana». La mayoría de las personas, tan nerviosas al saludarlo, ni siquiera escuchaban lo que él decía.

Pero un diplomático sí lo escuchó. Cuando oyó el comentario del presidente, se inclinó hacia él y le susurró: «¡Estoy seguro que se lo buscó!»

Los oídos afinados y que escuchan con atención son un artículo difícil de encontrar. Es mucho más fácil escuchar parcialmente, mientras vagamos lejos en nuestros propios sueños y planes. Creo que escuchar, más que hablar, es lo que distingue a los comunicadores eficaces de los demás.

Hablando como facilitador

Hablar como facilitador involucra el uso de preguntas y sugerencias para estimular a las personas a seguir investigando: «Juan, entiendo que está diciendo que necesita comunicarse más en su matrimonio. Todos los que estamos aquí esta noche podemos sentirnos identificados con esto. ¿Juan, cómo piensa que podría empezar a mejorar su comunicación?»

Por qué es tan difícil escuchar

Una razón es que por lo general las personas hablan aproximadamente 125 a 150 palabras por minuto mientras que los oyentes pueden procesar fácilmente unas 500 palabras por minuto. Debido a este «tiempo de retraso», es fácil asentir con la cabeza, sonreír y actuar como si estuviera escuchando, mientras sigue pensando en otra cosa.

La mayoría de nosotros estamos tan llenos con nuestra autobiografía que realmente no intentamos entender el punto de vista de la otra persona. Primero queremos que los demás nos entiendan a nosotros. Los grandes oyentes buscan *entender primero*.

LA CONTESTACIÓN DEL MIEMBRO TIENE PRIORIDAD

«El cliente siempre tiene razón» es el mantra para un número cada vez mayor de compañías exitosas. En el grupo celular, *las necesidades de los miembros* nos llevarán a lecciones emocionantes.

¡Lo que usted tiene que decir, líder, no es tan importante como los pensamientos de los que están presentes! Concéntrese en ellos, no en usted mismo, y todos saldrán edificados. El mejor regalo que le puede hacer a sus miembros es escucharlos con atención.

Cuando el líder ha escuchado atentamente la respuesta, el grupo lo sabrá. Un sentimiento de satisfacción llenará el cuarto. Quizás el grupo estará en silencio por un momento. Eso está bien. Usted no necesita decir nada en particular porque el fruto de es-

Una mala costumbre

«La mayoría de las personas no escuchan para entender; ellos escuchan para contestar. Mientras el otro está hablando, ellos están preparando su contestación» dice Stephen Covey.

cuchar bien se presentará. El próximo punto en la discusión fluye con naturalidad.

Escuche activamente

El escuchar activo es vigoroso, enérgico y diligente. Requiere escuchar todas las palabras, como un proyectil que persigue la fuente de calor que acorta la distancia con un avión enemigo. Se requiere trabajar duro y esforzarse con diligencia para pensar en los intereses de los demás más que en los propios.

La mayoría de nosotros está acostumbrado a lo que se puede llamar pseudo-escuchar. Asentimos con la cabeza como si estuviéramos escuchando, mientras que nuestros pensamientos podrían estar en otra reunión totalmente diferente. Es tentador pensar en la siguiente pregunta, el teléfono que suena, o los problemas en el trabajo.

Los grandes líderes escuchan hasta el final todas las palabras dichas por las personas. Yo sé que es difícil, pero cuando los miembros de la célula reconocen las habilidades activas del líder para escuchar, ellos seguirán su ejemplo.

¡Pruebe Esto!

Chequeo no verbal para los líderes de los grupos pequeños

Cuando alguien contesta una pregunta, responde generalmente con:

➤ ¿Una sonrisa?
➤ ¿Un asentimiento con la cabeza?
➤ ¿Ofrece prestar su ayuda?

O inconscientemente:

➤ ¿Frunce el ceño y pone mala cara?
➤ ¿Muestra poca sensibilidad?
➤ ¿Tarda en actuar por las necesidades de los presentes?

Escuche lo que no se dice

La ciencia de la cinética –o el lenguaje corporal– es el estudio de la comunicación no verbal.[2] Ya que el 60 por ciento de toda la

comunicación involucra el lenguaje corporal, es importante escuchar lo que no se dice.

Los gestos, como una mirada aburrida, una mirada fija incrédula, o una mirada cómica a un amigo, expresan lo que una persona realmente está pensando.[3]

He visto cómo algunos líderes celulares apurados demuestran su distracción cuando alguien está respondiendo. Puede ser un gesto, una mirada al reloj, o una mirada rápida a la siguiente pregunta. Pero el mensaje no verbal suena fuerte y claro: lo que usted está compartiendo no es importante, es equivocado o inapropiado. El interés mismo del líder demostrado por sus acciones y gestos establecerán el tono de las reuniones celulares.

Un líder sabio podría decir: «Bety, parece que usted está pensando en algo. ¿Quiere agregar algo?» «Bueno, ya que lo menciona, quiero decir algo.»

Comunicación no verbal

➤ **Primera idea:** Sea transparente. Si está cansado, tuvo un día malo o está luchando con algo, simplemente permita que el grupo lo sepa. Su transparencia estimulará a otros para compartir libremente también. De otro modo, los miembros de su célula podrían pensar que usted está enfadado con ellos. El grupo celular es el momento para compartir la realidad y no esconderse.

➤ **Segunda idea:** Sea lleno del Espíritu. Los líderes que están llenos de Cristo son mucho más eficaces en sus respuestas –tanto verbal como no verbalmente– a los miembros de la célula. Jesucristo proporciona el eslabón perdido.

¿Cómo sabía este líder de la célula que Bety quería decir algo? Él observó que ella estaba sentada en el borde de su silla, frotando su mentón y moviendo el pie. Él leyó su lenguaje corporal.[4]

ESCUCHE A SUS MIEMBROS CON RESPECTO A SU LIDERAZGO

Cuando dicto un seminario o un curso, les pido a los participantes que evalúen mi ministerio. A menudo tengo que obligarme a leer las evaluaciones, porque no me gusta recibir la crítica. Pero sé que nunca mejoraré a menos que yo sepa cómo mejorar. Las evaluaciones señalan las áreas débiles y destacan las fuertes.[5]

¡Prueba Esto!

Comunicación no verbal
Para estimular la conversación de los participantes:

➤ Mantenga una posición corporal abierta (no cruce los brazos ni las piernas hacia el grupo).

➤ Inclínese hacia adelante para mostrar interés.

➤ Asienta con la cabeza y sonría para mostrar que está de acuerdo.

➤ Tenga un breve contacto visual para animar en la conversación a una persona callada.

Un capítulo en el libro de Tom Peters *(Thriving on Chaos)* «Creciendo a través del caos» se llama «Obsesiónese con escuchar». Él dice: «Con la mayoría de los competidores que se mueven más rápidamente en la vida, la carrera será ganada por los que escuchan (y responden) más intensamente».[6] Los líderes celulares escuchan para mejorar la calidad de la célula. Y las consecuencias de escuchar son mucho más que heredar las posesiones terrenales. Están en juego los tesoros eternos.

Yo le aconsejaría que les preguntara a los miembros de su célula cómo podría mejorar su liderazgo. Pregúnteles si se están satisfaciendo las necesidades del grupo celular. Pregúnteles si

Aprenda del mundo comercial

El vendedor profesional eficaz no habla hasta que entiende las necesidades de sus clientes. Él trata de entender (qué necesita mi cliente) mientras que el aficionado quiere ser entendido (yo tengo el mejor producto). Stephen Covey dice «… un vendedor eficaz trata de entender en primer lugar las necesidades del cliente. El aficionado vende productos; el profesional vende soluciones según las necesidades del cliente».[7]

hay algo que usted puede hacer para mejorar la atmósfera del grupo. Escúchelos.

ESCUCHANDO POR MEDIO DE LA REPETICIÓN

Yo he aprendido el poder de clarificar y reiterar lo que dicen los miembros del grupo. Una noche estábamos discutiendo acerca de 1 Timoteo 4:12: «Ninguno tenga en poco tu juventud, sino sé ejemplo de los creyentes…» Después de algunas preguntas de observación, pregunté: «¿Alguien puede compartir acerca de un tiempo cuando su ejemplo influyó en otra persona?»

Cristina empezó diciendo: «En la escuela secundaria, mis amigas burlonamente me llamaban «pastora». Sin embargo, con el paso del tiempo, ellas venían a mí buscando consejo y pronto empecé un grupo pequeño en el campus con esas mismas compañeras que me decían nombretes».

Yo respondí: «Su ejemplo atrajo a los que se burlaban de usted y usted pudo aconsejarles y ministrarles. Gran ejemplo. ¿Otros?» Esta práctica tiene muchas ventajas. Aquí hay algunas:

➢ Le da una oportunidad a la persona para decir: «No, yo realmente no quise decir eso. Lo que yo quise decir es…» La comunicación es un proceso difícil, lleno de riesgos y de problemas potenciales. Nosotros pensamos que entendemos lo que la persona nos está diciendo, pero a menudo nuestros propios prejuicios y experiencia nublan el verdadero significado. Reiterando la idea de la persona en sus propias palabras le ayudará a evitar los malos entendidos y enriquecerá la discusión de la Biblia.

➤ Reiterando la idea le dará a los vacilantes y tímidos más tiempo para formular sus contestaciones. Si está cubriendo Romanos 12:17-21, usted podría decir: «Gracias, José, por esa contestación. Cuán verdadero es que debemos devolver el bien por mal. Pero como usted dijo, a menudo nos olvidamos que hemos rendido nuestros derechos a Jesucristo».

➤ Hará que el líder sea un mejor oyente. Muchas señales parecen cruzar la mente del líder cuando alguien está hablando (por ej., la próxima pregunta, la atmósfera de la casa, los gestos, cuidados personales, etc.). La disciplina de reiterar las palabras del miembro ayudará al líder a enfocar en escuchar.

➤ Reiterando el comentario demuestra amor por la persona. Habla fuertemente que el líder ha tomado la contestación en serio. Cuando el líder salta rápidamente a la siguiente pregunta, justamente se está comunicando lo opuesto.

➤ Ayuda a los que están en el grupo que *no* han estado escuchando activamente a entender los comentarios de esa persona. Cuando alguien más está hablando, es fácil que los otros miembros vuelvan a sus propios problemas y preguntas. La reiteración de la idea ayudará para que todos queden ubicados en lo mismo.

Niéguese a contestar sus propias preguntas

«¿Qué nos dice el verso cuatro?» Juan le preguntó al grupo. Silencio. «¿Quiere alguien compartir con el grupo qué significa el verso cuatro?» Más silencio. «Bien, permítanme compartir con ustedes lo que significa...» Los facilitadores se convierten rápidamente en predicadores a las primeras señales de silencio.

Cuando usted hace una pregunta, ha colocado la pelota en el área de los miembros, y ahora espere que ellos contesten. Cuando el líder de la célula se embarca en una homilía impremeditada, los miembros celulares se sienten defraudados. «Yo pensé que él quería que yo compartiera», refunfuña un miembro para sus adentros. «¿Por qué domina tanto?» piensa otro. Muchos líderes celulares se sienten inseguros mientras esperan una contestación.

Cuando usted contesta sus propias preguntas, está comunicando que no espera recibir una respuesta. Ellos pensarán: «Él nos está haciendo una pregunta inicial, pero en realidad la quiere contestar él mismo». Finalmente las personas dejarán de responder totalmente.

El líder ya ha pasado mucho tiempo meditando en las preguntas, estudiando el pasaje, y mirando los diferentes ángulos. El miembro de la célula acaba de oír la pregunta por primera vez. Muchos pensamientos están bombardeando la mente del miembro:

➢ «¿Qué significa realmente el pasaje de la Biblia?»

➢ «¿Cómo debo contestar esta pregunta?»

➢ «Mi respuesta es demasiado obvia.»

No tenga miedo del silencio

Aprenda a esperar espacios de tiempo más tranquilos en la reunión celular. Frecuentemente, cuando parece que nada está sucediendo, Dios está trabajando de una manera poderosa. Ya que la célula es más un encuentro que una actuación, el líder de la célula no debe alarmarse por los momentos de quietud en la reunión.

> «Yo preferiría que otra persona hable primero.»

> «Quizá yo deba esperar para contestar la próxima pregunta.»

> «Ya he hablado demasiado.»

> «Creo que no tengo la respuesta correcta.»

Entonces finalmente, se prende la luz: «Ahí está, ya lo tengo, creo que voy a compartir».

Los primeros segundos después de lanzar la pregunta es un tiempo de digestión. Déle tiempo a los miembros para masticar la pregunta.

Mientras el miembro de la célula está ensayando su contestación, el líder de la célula podría estar pensando ansiosamente:

> «¿Esta era una buena pregunta?»

> «¿Expresé correctamente la pregunta?»

> «¿Cómo es que nadie está respondiendo?»

> «¿Debo preguntarle a alguien directamente?»

> «Quisiera que hubiera mayor participación.»

Cuando alguien comparte finalmente, el líder de la célula se siente aliviado. ¡Aflójese! Debe darles tiempo a las personas para pensar y responder. Ralph Neighbour ofrece este sabio consejo:

Hace años aprendí a presentar el tema brevemente al grupo y luego miro fijamente la punta de mi zapato. Haciendo esto, yo estoy indicando que ya no controlo lo que vaya a pasar. Después de un corto tiempo de silencio, alguien siempre habla. Él o ella probablemente se dirige a mí cuando lo hace, pero a propósito yo no los miro directamente. El grupo comprende que son libres y que no voy a dirigir la discusión. En esa libertad, los miembros del cuerpo empiezan a buscar de escuchar la voz de la Cabeza, Jesús, en lugar de escuchar la voz del facilitador. ¡Lo que pasa luego puede ser impactante![8]

Pida al grupo que dé más respuestas

Una contestación por cada pregunta es un resultado muy pobre. Los líderes celulares sabios esperan mayores resultados; ellos piden al grupo que aporten más respuestas. Algunos miembros de la célula son introvertidos y deben cobrar valor para traspasar su propia barrera del sonido para poder decir algo.[9]

Escuche con simpatía antes de aconsejar

A menudo las personas vienen a una célula para recibir sanidad. Están llenas de emociones reprimidas y heridas: heridas de críticas o juicios descuidados; del rechazo en la niñez o por el fracaso de su matrimonio. Algunos han sido heridos vez tras vez y dependen del grupo celular para recibir algún tipo de apoyo. Ellos necesitan una comunidad íntima donde puedan crecer, recibir el cuidado necesario y puedan sanar lentamente.

En algún punto, la persona podría encontrar el valor para realmente compartir con el grupo (nivel cuatro de comunicación). Para este tipo de franqueza se requieren agallas. Los que se desnudan para compartir con transparencia delante de los demás deben saber que no serán defraudados. La respuesta del grupo estimulará para sanidad o rechazo.

La mayoría de las personas entiende sus problemas intelectualmente. ¿Por qué los comparten? Porque están buscando un oído que escucha, una oportunidad para ser escuchados.

En lugar de escuchar y simpatizar con la persona, ciertos líderes tienden a brincar en sus caballos bíblicos y herir a la persona con estocadas de lanza. ¡Después de todo, acaso Dios no es santo, y no odia el pecado! ¡Sí, pero nosotros no somos Dios! Recuerde la compasión que Él ha tenido hacia nosotros. Nosotros debemos hacer lo mismo.

¡Prueba Esto!

Escuchando y dando consejos

Cuando un miembro del grupo empieza a compartir sus cargas que él o ella necesitan que el grupo lleve, el grupo debe estar más listo para escuchar que cualquier otra cosa (Stg. 1:19). A menudo la persona que comparte no quiere oír consejos sino simplemente un oído comprensivo.

➤ **Contestaciones útiles después de escuchar:**

- Parafrasear (reiterar en sus propias palabras lo que usted oyó que la persona dijo).
- Afirmaciones cortas que acaban de tal manera que deja la puerta abierta para que el otro pueda seguir compartiendo.

➤ **Contestaciones perjudiciales después de escuchar:**

- Tranquilizándolos diciendo que su problema no es muy grande (esto implica que usted discrepa con su juicio que ellos tienen un problema, lo cual hace que dejen de hablar).
  Dándoles rápidamente un consejo (nosotros no conocemos la situación).

➤ **Cómo saber si otros quieren su oído o su consejo:**

- Observe su lenguaje corporal mientras usted comparte su consejo.
- Mantenga breves sus contestaciones, permitiéndoles escoger acerca de qué quieren hablar.
- ¿Continúan ellos descargando sus problemas, cambian el tema o siguen su consejo?

El ejemplo de una simpatía eficaz

Cuando nuestro segundo bebé nació muerto en 1992, un amigo de nombre Jorge se me acercó un día y simplemente puso su mano en mi hombro mientras esperábamos unos momentos en silencio. Sin decir una palabra, él me ministró más que cualquier otra persona en ese período de tiempo difícil. En el ministerio celular, cuando alguien abre su corazón y comparte su carga, es cuando el resto del grupo debe llevar esa carga y comunicar simpatía, en lugar de citarle versículos bíblicos de memoria. Una de las mejores herramientas curativas es la de escuchar solamente.

Cuando alguien está enfrentando una crisis, no es el momento para decir: «Usted sólo tiene que confiar en el Señor. ¿No sabe usted que todas las cosas obran para bien, a los que aman Dios, a los que son llamados según Su propósito?» Este consejo, aunque sea ciento por ciento correcto, hará más daño que bien a una persona herida y afligida. Antes de recibir el consejo, la persona debe saber primero que el pueblo de Dios le ayudará a llevar su carga. Él o ella está anhelando un oído que escuche; no una rápida contestación bíblica.

Roberta Hestenes dice: «Demasiado a menudo, los miembros de un grupo son rápidos para ofrecer un consejo ante los problemas en lugar de escuchar cuidadosamente. Esta forma de dar consejo a menudo hace más daño que bien».[10]

Creo que debe haber un momento silencioso de comprensión, cuando una carga es aceptada y compartida. Cuando los miembros simpatizan con la persona, luego habrá lugar para el consejo piadoso: «Juana, me puedo sentir identificada con sus miedos y dudas que surgen por el cáncer de su amiga. Cuando mi hermano tuvo cáncer del cerebro, yo sentía esos mismos miedos. Luché durante días, preguntándome por qué Dios lo permitió.

Cómo tratar a la gente

Viktor Frankl dijo: «Si usted les da a las personas una visión de ellos mismos... usted les hace llegar a ser lo que ellos son capaces de llegar a ser».

Líder celular, aconseje a su grupo que escuche, en lugar de responder rápidamente con respuestas instantáneas. Demuéstreles lo que usted quiere que ellos hagan por sus propias acciones. Las personas no seguirán lo que usted dice; seguirán lo que usted hace. Preparando una comunidad curativa pueden tardar algún tiempo, pero bien vale la pena la espera.

LA ESENCIA DE ESCUCHAR: LOS DEMÁS

Pablo aconsejó a la iglesia en Filipos: «Nada hagáis por rivalidad o por vanidad; antes bien, con humildad estimando cada uno a los demás como superiores a él mismo. No busquéis vuestro propio provecho, sino el de los demás» (Filipenses 2:3-4). Luego agregó: «Espero en el Señor Jesús enviaros pronto a Timoteo, para que yo también esté de buen ánimo al tener noticias vuestras, porque no tengo a ningún otro que comparta mis sentimientos y que tan sinceramente se interese por vosotros, pues todos buscan sus propios intereses no los de Cristo Jesús» (Filipenses 2:19-21). Pablo se regocijó enviando a Timoteo a la iglesia porque él se concentraría verdaderamente en las necesidades de los presentes.

Esta cita anónima clarifica el trabajo del líder: «Los demás, Señor, sí, los demás, pueda este ser mi lema; ayúdame a vivir para los demás, así podré ser como tú».[12]

Puntos para recordar

Escuchar activamente le permite al líder del grupo pequeño expresar el amor de una manera práctica. Cuando los miembros de la célula saben que el líder es un buen oyente, ellos compartirán más libre y consistentemente. Recuerde:

➤ La contestación del miembro toma prioridad sobre la suya.

➤ Practique para ser un oyente activo (de verdad escuchando lo que la persona está diciendo).

➤ Escuche lo que no se dice (gestos, etc.).

➤ Escuche lo que dicen los miembros acerca de su liderazgo.

➤ Niéguese a contestar sus propias preguntas.

➤ Pídale al grupo que den más contestaciones después que una persona ha compartido.

➤ Limite los consejos dados por el grupo (más bien, practiquen el escuchar con simpatía).

Una lengua alentadora

Una lengua alentadora

Una lengua alentadora

La lengua puede animar, desanimar o aun destruir. El líder de un grupo pequeño debe escoger palabras que animen. Proverbios dice: «Del fruto de la boca del hombre se llena su vientre; se sacia del producto de sus labios» (18:20).

CAPÍTULO 7

UNA LENGUA ALENTADORA

N o es por accidente que las palabras «comunidad», «comunión», y «comunicación» todas suenen parecidas. Estas palabras comparten raíces comunes de las palabras latinas para *con* y *uno*. Ellas involucran el estar *los unos con los otros* y estar *cada uno con el otro*. Es todo sobre la comunicación que lleva a la comunión. Los grupos pequeños permiten a los miembros fieles de la iglesia comunicar la Palabra de Dios y aplicarla a sus propias vidas, creciendo de este modo en comunidad con Dios y con los demás.

Los líderes de los grupos pequeños edifican con sus bocas, creando así una atmósfera de comunión. Su meta es el crecimiento, edificación, y en el proceso, la transformación de sus oidores.

Un buen amigo mío me dijo en cierta oportunidad: «He visto tantas reuniones que se han dirigido correctamente desde un punto de vista técnico, pero carecen de poder porque las personas no tienen ninguna relación entre sí». ¿Es posible saber todo sobre cómo escuchar, hacer preguntas, facilitar, compartir transparentemente y todavía fallar en el grupo celular? Creo que sí. La meta de la comunicación es la comunidad, no la perfección técnica.

Influencia

«La longitud y anchura de nuestra influencia en otros dependen en la profundidad de nuestra preocupación.»

UNA GRAN COMUNICACIÓN ANIMA

Nunca olvidaré la reunión en la que el líder de la célula hacía una ligera crítica después de cada contestación. «Usted casi lo tiene», dijo Jaime. Otra persona daba otra respuesta y Jaime replicaba: «No, no es eso, pero se está acercando». El baile para encontrar la respuesta correcta continuaba. «Esto es como un examen de la escuela secundaria», yo pensaba para mis adentros. Cuando Jaime alcanzó las últimas preguntas, la participación se detuvo totalmente. Nadie quería arriesgarse para pasar vergüenza.

Usted siempre puede encontrar algo bueno en cada contestación. El hecho de que el miembro se atrevió a hablar es positivo. Déle el crédito a la persona en cada oportunidad. Apoye al que comparte la idea, aun cuando sienta que no puede endosar la idea totalmente. Agradezca a la persona por el comentario, sin tener en cuenta si está bien o está equivocada.

Nunca deseche totalmente una idea

Nunca deseche totalmente ninguna idea. Encuentre la manera de explorar lo bueno que haya en la idea. Apoye a la persona que le dio la idea, aunque no esté plenamente de acuerdo con ella.

Tres maneras correctas de responder a una respuesta equivocada

➤ Atribúyase la culpa por la mala comunicación: «Pienso que esa pregunta no era muy clara; lo que realmente estoy preguntando es…

➤ Dé un ejemplo: Aquí hay una ilustración de lo que yo quiero decir…

➤ Permita que otros en el grupo den las respuestas correctas: «Esteee, ¿Qué piensan los demás?»

Si la persona da una respuesta doctrinalmente incorrecta

Aun cuando una respuesta no esté basada en las Escrituras (doctrina equivocada), agradezca a la persona por la contestación y lea el pasaje en las Escrituras que revela la verdad. O le podría decir: «Gracias por su contestación. Voy a estudiar este tema un poco más y la semana que viene me gustaría compartir lo que encuentro con usted».

El entrenador de baloncesto de UCLA Juan Wooden les dijo a los jugadores que anotaran que sonrieran, guiñaran o asintieran con la cabeza al jugador que les había pasado la pelota. «¿Y qué pasa si no está mirando?» le preguntó un miembro del equipo. Wooden contestó: «Yo les garantizo que mirará». Todos valoran el estímulo y lo buscan; sobre todo cuando el líder es uno que estimula en forma consistente.

Tratando con el hablador

El grupo celular ofrece un ambiente cálido en el que hay mucho espacio para un compartir abierto. Esto es sumamente positivo pero el peligro también acecha.

Algunas personas son atraídas hacia los grupos pequeños para expresar sus opiniones, aunque pueden ser negativos y combativos. Se aprovechan de la atmósfera cálida para descargarse en los demás, y encuentran el espacio para dar rienda suelta a su inseguridad. A estas personas les gusta oír sus propias

Los habladores

«Los que hablan excesivamente agotarán la vida de un grupo.»[1]

voces. Piensan que sus propios conocimientos exceden tremendamente a los de cualquier otra persona. Nadie tiene la oportunidad de contribuir mientras ellos están hablando, y los miembros del grupo llegarán a resistir sus comentarios y conductas.

Tratando con habladores probablemente es el mayor desafío en las reuniones celulares. En repetidas ocasiones he dicho que los líderes de los grupos pequeños no deben dominar el grupo. Sin embargo, esto significa también que uno o dos miembros del grupo no deben dominarlo.

El líder de la célula es el portero; el protector de la grey y debe comprender que si él le permite a una persona dominar la reunión, sufrirá la libertad de expresión de los miembros individuales.

En el tiempo desde que empecé a dirigir el grupo celular que tengo actualmente, he tenido que tratar con por lo menos tres consagrados habladores. He tenido que luchar con cada uno y constantemente he tenido que sobreponerme a la situación. A menudo he vacilado entre dos emociones contrarias. Cuando he intentado usar más amor, me he sentido pisoteado. Sin embargo, cuando he tratado de controlar al hablador, me he sentido incómodo y carente de amor.

Cristo y la confrontación

Cristo nos enseñó el plan del Padre de ir personalmente a la persona cuando dijo: «Si tu hermano peca contra ti, ve y repréndelo estando tú y él solos; si te oye, has ganado a tu hermano» (Mateo 18:15). Cuando vaya personalmente al hablador, explíquele la importancia de la participación en el grupo.

Aquí hay algunos pasos prácticos para superar este problema:

➤ Siéntese al lado del hablador para tener menos contacto visual con él. Los habladores no necesitan mucho estímulo. Ellos incluso podrían sentir que usted, el líder, está animando su conversación continuada por su contacto visual, por su asentimiento con la cabeza y porque le presta atención. Al sentarse al lado de esa persona y evitando el contacto visual indicará que usted no le está animando a hablar.

➤ Pídale a otras personas que den sus opiniones. Cuando usted llama a una persona por su nombre, usted está diciendo a los demás: «Esperen su turno». Por ejemplo, Jaime ha estado dominando la conversación contestando las últimas dos preguntas durante el tiempo de la lección. Para la siguiente pregunta, pídale a Judy que dé la respuesta. Cuando ella termine, dígale a Marcos que comparta algo más. Cuando llama a las personas por sus nombres usted está asumiendo su responsabilidad como líder y está dirigiendo la conversación del grupo.

➤ Oriente la conversación en otra dirección lejos del hablador, en cuanto él o ella hagan una pausa. Sí, es cierto; ésta es una medida más drástica. Cuando comparto esta táctica en un seminario celular, la multitud se ríe a carcajadas. Ellos simplemente se imaginan al líder de la célula esperando que el hablador pare para tomar un respiro profundo (preparándose para compartir otra homilía de la Biblia) para darle una oportunidad a otra persona. Aunque esto cause risa, nos muestra algo muy serio: una persona que domina la discusión del grupo. Los líderes deben proteger al grupo celular de este tipo de control.

➤ Hable directamente con la persona. A menudo, los habladores simplemente no entienden el propósito de un grupo

pequeño. Ellos piensan sinceramente que los demás necesitan sus constantes contribuciones y su sabiduría espiritual. Nunca se han dado cuenta que el propósito del grupo pequeño es permitir que todos puedan participar y compartir. Hablando directamente con la persona, antes o después de la reunión del grupo celular a menudo resuelve el problema.

➤ Si el problema persiste, hable directamente con la persona encima de usted (por ej., supervisor, pastor de zona, o líder G-12, etc.). Probablemente ese líder tiene más experiencia tratando con este tipo de cosas y puede ofrecer valiosa información para resolver el conflicto.

➤ Pídale a la persona que le ayude a hacer que la reunión sea más participativa. Di un seminario celular en New Jersey y después un líder celular exitoso se me acercó y me dijo: «He hallado una manera maravillosa de tratar con el hablador que interviene constantemente». Luego siguió diciendo: «Pídale al hablador que le ayude a hacer hablar a los demás». Este consejo tiene mucho sentido. Cuando el hablador entiende la razón más grande para el grupo celular e incluso cómo participar para cumplir esta meta, es probable que la persona cambie.

➤ Clarifique la regla que a nadie se le permite hablar por segunda vez hasta que todos hayan tenido una oportunidad para hablar la primera vez. Dicha exhortación funciona mejor en un grupo maduro. Si usted tiene muchas personas que no son creyentes en su grupo, tendrá que usar su discernimiento. Explique que el propósito de esta regla es liberar a los que no hablan para que participen más. También hará que recuerden los habladores de una manera clara y concreta de permanecer callados hasta que los demás hayan compartido.[2]

MANTENIENDO LAS LÍNEAS DE COMUNICACIÓN ABIERTAS

Connie Conflicto y Annie Enojo son vecinas. Entre ellas hay odio. Nadie sabe bien cuándo empezó esta animosidad, aunque hay muchas historias. Cada una de ellas se unió al grupo sin saber que la otra estaba allí.[3] Ahora hay una guerra declarada. Cada una ha declarado firmemente que no se irá dejando que la otra gane. ¿Qué se puede hacer?

El Apóstol Pablo enfrentó el conflicto en las iglesias que él había comenzado. Él exhortó a dos personas en la iglesia en Filipos a hacer las paces entre sí: «Ruego a Evodia y a Síntique que sean de un mismo sentir en el Señor» (Filipenses 4:2). Por la razón que fuere, ellas estaban causando disensión en la iglesia en la casa en Filipos. Matthew Henry señala lo siguiente:

Hay veces cuando existe la necesidad de aplicar los preceptos generales del evangelio a ciertas personas y casos en particular. Evodia y Síntique, parece, tenían discrepancias, ya sea una con la otra o con la iglesia; ya sea sobre un asunto civil (pueden haber estado comprometidas en un pleito) o en un asunto religioso; o podrían haber tenido diferentes opiniones y sentimientos.[4]

La mayoría de nosotros vivimos según el dicho: «Evite los conflictos a toda costa». Pero

Tratando con los conflictos

Todas las familias pelean. El asunto es éste: ¿se pelean justamente? La retirada no es una opción. Tampoco el chisme o la murmuración. La única solución es la de acercarse con calma a los que lo ofenden, hacer buenas preguntas para establecer sus acciones y motivos, y dar o recibir perdón según demande la situación. Si queda atascado, consiga que otra persona le ayude a resolverla.

Áreas potenciales de conflicto

¿Por qué existen los conflictos en los grupos pequeños?

➤ Todas las personas llegan con diferentes expectativas de lo que pasará o no pasará en el grupo pequeño. Alguien podría esperar más estudio bíblico con profundidad, adoración celestial, guerra espiritual, consejería analítica, una sesión para un creyente carismático, o una campaña evangelística. Cuando no se satisfacen las expectativas individuales, hay conflictos.

➤ Ciertas personalidades no se llevan bien. Simplemente porque una persona es cristiana no quiere decir que él o ella se llevará bien con los otros creyentes.

➤ Las personas en el grupo participan de maneras diferentes. Los miembros callados y los dominantes de un grupo participan de maneras tan distintas que el conflicto puede surgir.

➤ Algunos miembros de la célula podrían no estar de acuerdo con el estilo de liderazgo del que guía al grupo. Quizás ellos son más dominantes, decididos, o democráticos, y tienden a juzgar a los líderes que dirigen de un modo diferente.

siempre habrá conflictos y discrepancias no importa lo que usted haga o cuán bien lo haga. Un proverbio chino dice: «El diamante no puede ser pulido sin fricción, ni el hombre perfeccionado sin las pruebas». Imagínese un grupo celular con una señal en la puerta de adelante que diga: «¡Habrá Conflicto y es Bienvenido!» La mayoría de nosotros tendría pánico al ver ese cartel, pero en realidad, un grupo celular muy a menudo es más como un hospital que un *country* club.

El conflicto puede llevar a que haya mejores condiciones y crecimiento. Puede revelar las ideas y los valores ocultos del grupo que necesitan ser examinados. Cuando las personas en el grupo saben que pueden expresar sentimientos positivos y negativos, su experiencia de grupo será genuina. Los nuevos niveles de comprensión fluirán cuando el grupo se deshaga de sus discrepancias. Fisher y Ellis hacen esta paráfrasis: «El grupo que se pelea junto se queda junto».[5]

¿Cuál es la mejor manera de tratar con las personas en conflicto? Primero, reconozca el problema. Escondiéndolo debajo de un arbusto sólo aumentará la duda entre los miembros. Todos sabemos que está allí, así que, ¿por qué esconderlo? Usted podría decir a un miembro enfadado: «Me doy cuenta de que usted está disgustado. Tenemos que hablar sobre nuestras diferencias». El conflicto no puede ser arreglado hasta tanto no se reconozca y se trate abiertamente.

Un ejemplo de unas palabras para comenzar podrían ser:

Me parece que ustedes dos se están sintiendo mal por sus diferencias con respecto a este problema. Yo los escucho a los dos, que declaran sus posiciones con una apasionada convicción, pero no estoy seguro de que realmente se estén escuchando el uno al otro, porque no los veo detenerse para parafrasear ni reconocer lo que tienen en común. Les quiero sugerir que podamos retroceder por un momento para aclarar en qué están de acuerdo y en qué están en desacuerdo. ¿Estarían dispuestos a hacer esto?[6]

Segundo, ore. Usted no resolverá el conflicto sin dedicarse a la oración. Usted necesita orar por sabiduría y discernimiento.

Tercero, hable en privado con cada parte ofendida. Si ambas mujeres deciden quedarse en el grupo (y eso a la larga es poco

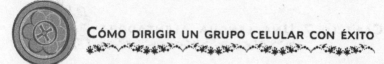
probable), usted no puede permitir que sus discusiones polaricen el grupo o creen una atmósfera incómoda. Usted necesita hablar por separado con cada una de ellas y ser muy claro sobre las reglas básicas. Si la disputa permanente continúa, trátelas como personas impenitentes que continúan en pecado.

Si el problema es entre usted y otra persona en el grupo, es mejor encarar a la persona individualmente, usando el modelo del Señor: «Si tu hermano peca contra ti, ve y repréndelo estando tú y él solos; si te oye, has ganado a tu hermano» (Mateo 18:15). Como líder, si usted nota que hay conflicto entre dos miembros, anímelos a hablar en privado. Los conflictos sin resolver son obligaciones. Hay pocas cosas que minan un grupo más rápidamente que cuando varios miembros se frustran entre sí.

En cuarto lugar, consiga que las personas se escuchen. El estudio de la comunicación ha encontrado repetidamente una tendencia entre las partes en conflicto de torcer u omitir información durante el tiempo de una acalorada discusión. Usted puede ayudar a resolver esto pidiéndoles que se comprometan a escuchar activamente y con simpatía por las experiencias singulares y la situación de la otra persona. Ayúdeles a criticar las ideas, no a las personas. Logre entender todos los puntos de vista. Trate con todas las emociones y los sentimientos.

En quinto lugar, incluya sólo a los que están directamente afectados. Algunas discordancias no necesitan ser reveladas al resto del grupo; trate el asunto *off-line* (no conectado, como en el caso de la computadora) con la persona o las personas involucradas. Es cierto que a veces todo el grupo debe estar involucrado para resolver el problema. Pero trate de mantenerlo bajo control y concentrado en su solución únicamente con las personas que necesitan ser restauradas en su relación.

COMUNICACIÓN SIN BARRERAS

No tome la diferencia de opinión en el grupo como un ataque hacia su liderazgo o personalidad. Quite la idea de su mente. Aceptando la opinión diferente usted mejorará su propia comprensión. Cuando los demás en el grupo tengan opiniones encontradas, el líder debe ver esto como una franca oportunidad para entender otro punto de vista, no como una amenaza a su autoridad.

He quedado impresionado de la manera cómo mi buen amigo René Naranjo abraza las diferentes opiniones en su grupo. Él sabe que los que no son creyentes necesitan cierto espacio antes de venir a Jesús. Ellos necesitan sentirse aceptados, incluso cuando su punto de vista sea contrario. Por medio de un amor y aceptación incondicionales, él ha visto docenas de no cristianos que lentamente aceptan a Jesús. Los incrédulos en su grupo a menudo se derriten por el amor de Jesús mientras continúan asistiendo a las reuniones.

Use puntos de vista diferentes para extenderse sobre el tema. Aprovéchese de otras perspectivas para incrementar el diálogo y sea agradecido por la intervención de las personas.

Recuerde que la comunicación eficaz lleva a la comunión. Mientras su grupo pequeño aprende a comunicarse más eficazmente –a pesar de los conflictos– usted crecerá en la comunión con Dios y con los demás.

PAUTAS DE LA COMUNICACIÓN
QUE CONSTRUYEN LA COMUNIDAD

El escritor de Hebreos dice: «Y considerémonos unos a otros para estimularnos al amor y a las buenas obras, no dejando de congregarnos, como algunos tienen por costumbre, sino exhor-

tándonos; y tanto más, cuanto veis que aquel día se acerca»
(Hebreos 10:24-25). Algunas de las maneras mejores para estimular a otros al amor y a las buenas obras son las siguientes:

➤ Comience a mostrar que a usted le importan y quiere a las
personas desde el momento que alguien entre por la puerta. Una sonrisa o un abrazo es lo mejor. Cuando visité el
grupo celular de Tony, llegué antes que los demás. Tony
me abrió la puerta, me dio un gran abrazo, me ofreció un
refresco, y delicadamente se excusó por unos momentos.
Yo me sentía bienvenido. Tony podría haber mirado su reloj, haberme dado una mirada de preocupación, y haberme
señalado un lugar para sentarme mientras él atendía a sus
responsabilidades. En cambio, él me hizo sentir bienvenido. Él demostró un cuidado genuino y preocupación.

➤ Responda con entusiasmo a las personas a lo largo de la
reunión (por ej., la lección, la adoración, la oración, el rompehielos, y el tiempo para compartir la visión). Recuerde
que el entusiasmo no es algo reservado solamente para
las personas con personalidades que rebosan felicidad. Es
posible tener una personalidad melancólica y demostrar
entusiasmo.

➤ Ore por los miembros de su célula durante la semana (si es
posible, hágalo diariamente) y luego dígales que usted ha
estado orando por ellos. Ellos necesitan oír esto con frecuencia. Las personas se sienten protegidas y amadas
cuando saben que el líder de su célula ha estado orando
por ellos.

➤ Pregúnteles por sus vidas personales. Generalmente el
mejor momento para hacer esto es inmediatamente antes
o después de la reunión. Pregúnteles por su familia, trabajo, sueños y visiones. El domingo, cuando usted los ve en

la iglesia, propóngase saludarlos y quererlos. Sin saberlo incluso, usted está cumpliendo el papel de un pastor que cuida de sus ovejas.

➤ Sea consciente de cualquier necesidad física y busque de satisfacerla. Mi esposa y yo probablemente éramos los únicos en nuestra iglesia que conocíamos a Pablo y a Elizabeth que estaban sufriendo físicamente. Durante el tiempo de oración en nuestro grupo celular, ellos compartieron sus necesidades personales, y nos enfrentamos cara a cara con su desesperada condición. Nos sentimos guiados por Dios a ayudarlos económicamente, consolidando además nuestra relación con ellos.

➤ Comparta experiencias de su propia vida con ellos. Me agradan las computadoras y toda actividad que tenga algo que ver con ellas. Un día llevé a mi oficina en casa a uno de los miembros de mi célula (con quien tuve el privilegio de orar para que recibiera a Jesús) después de una reunión de la célula una noche. Yo le mostré cómo hacer una página en la red e incluso se apuntó para tener un sitio propio. Esto ayudó para establecer rápidamente una amistad entre nosotros. Nos catapultó en una nueva dimensión de compartir. Ahora, no sólo estábamos hablando sobre «cosas espirituales» en el grupo celular, sino que estábamos compartiendo nuestros intereses, nuestros *hobbys* entre nosotros. El líder de una célula escribió: «Una señora en nuestra célula había sido operada recientemente de la espalda y se estaba recuperando en el hospital. Después de llamarla, decidimos ir a visitarla en lugar de tener nuestra reunión regular en casa».[7] Este grupo tenía claro cuál era su prioridad: la comunidad primero.

➤ Póngase en contacto con ellos fuera del grupo celular. Me refiero con esto a una llamada telefónica, una nota de aprecio, una taza de café juntos, o una visita formal. Sus esfuerzos para llegar a conocer al miembro de la célula fuera del grupo le pagará ricos dividendos después. Usted construirá lealtad entre usted y la persona.

PUNTOS PARA RECORDAR

Por ejemplo, el líder puede guiar al grupo a nuevos niveles de comunicación usando los principios tales como reiterar la idea, tratar con el conflicto, y dar estímulo. Recuerde:

➤ Una gran comunicación anima a otros a participar.

➤ No permita que ciertas personas dominen la reunión. Aprenda cómo tratar con los que hablan demasiado.

➤ El conflicto es normal y natural en un grupo pequeño. Aprenda a tratar con él.

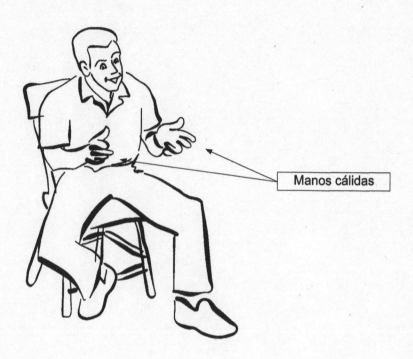

Manos cálidas

Manos cálidas

Los líderes celulares necesitan manos maravillosas, manos que se esfuercen por alcanzar y señalar a otros hacia Jesús. Dichas manos ayudan a los miembros de la célula a evangelizar juntos y cálidamente dar la bienvenida a los que están lastimados y desilusionados en el grupo.

CAPÍTULO 8

MANOS CÁLIDAS: ALCANZANDO A LOS NO CRISTIANOS

A menudo hemos visto algunos cuadros de las manos de Cristo que están extendidas hacia un mundo perdido y agonizante. En realidad, ésas son nuestras manos. Él ha escogido usar nuestras manos para invitar a un mundo perdido a relacionarse con Él.

Uno de mis rompehielos favoritos es: «¿Quién fue la persona que tuvo más influencia para llevarlo a Cristo?» Probablemente las contestaciones serán algo parecidas a esto: «Mi hermano, un amigo en el trabajo, un pariente, el maestro, etc.». Quizás un pequeño porcentaje de personas mencionará a un extraño.

El hecho es que muy pocas personas son traí-

Encuesta acerca de la influencia cristiana[1]

El instituto para el crecimiento de la Iglesia Americana realizó una encuesta a 14.000 personas de varias iglesias y denominaciones, haciéndoles la pregunta: «¿Quién o qué influyó para que usted viniera a Cristo y a la iglesia?» Los resultados fueron los siguientes:

➤ Una necesidad especial 1-2%
➤ Motivación propia 2-3%
➤ Pastor 5-6%
➤ Visitación en la casa 1-2%
➤ Escuela dominical 4-5%
➤ Cruzada evangelística 0,5%
➤ Programa de la Iglesia 2-3%
➤ Un amigo o pariente 75-90%

das a Cristo por los extraños. En realidad, los que son más allegados a nosotros son los que más influencia han tenido sobre nosotros. La evidencia nos dice que entre un 70 y 90 por ciento siguen a Cristo como resultado de la evangelización de parte de

Un estilo de vida para alcanzar a otros

Mientras estuve en la casa de Esteban y Claudia Irvin[3] observé lo siguiente:

➤ Ellos tienen todas las semanas, en su casa, una clase para enseñar a hablar en inglés a los que no son creyentes (una herramienta para la evangelización).

➤ Una mañana, Esteban llamó a las 7 de la mañana a la puerta del dormitorio, informándome que tenía planes de jugar al golf con un amigo que no es cristiano. «Espero ganarle a este hombre de negocios de la alta sociedad para Cristo», me dijo Esteban. «A estas alturas, él no entraría a ninguna iglesia.»

➤ Mientras tomábamos el desayuno esa mañana, sonó el timbre y entró un ama de casa que no es cristiana del mismo complejo de apartamentos. Después de presentarnos, Claudia dijo: «Vamos a dar un paseo por el barrio. Volveré a casa más tarde».

➤ Al día siguiente, Esteban y Claudia tenían que salir volando de la casa porque iban a hacer gimnasia en el gimnasio local ¿Por qué? Usted lo adivinó: para encontrarse con algunos que no son creyentes.

➤ Dos días después, otra vez la casa está llena de no creyentes aprendiendo inglés. El último día que estuve con ellos, Esteban volvió tarde a casa porque estaba jugando al baloncesto con unos amigos que no eran cristianos.

nuestros conocidos. Según los estudios realizados, la forma más natural de evangelización es la que se realiza por medio de las personas que nos aman y nos cuidan.

De los que no son cristianos son pocos los que se despiertan un domingo y deciden asistir a la iglesia. Los que reciben el impulso para asistir a la iglesia generalmente no se quedan, porque no tienen amigos en la misma.

Hay muchos otros ejemplos en la Biblia de personas que influyeron en sus amigos, compañeros de trabajo y seres queridos como para llevarlos a Cristo. En Juan 1:35-46, leemos acerca de la relación entre Andrés y Simón y la relación de Felipe con Natanael. Tanto Lidia como el carcelero de Filipos condujeron a sus familias para seguir a Cristo (Hechos 16:15; 16:31-33). Cornelio trajo a sus compañeros soldados y a los miembros de su familia para oír el Evangelio (Hechos 10:1-2, 22-24). Y Mateo llevó a sus amigos y compañeros cobradores de impuestos a Cristo (Mateo 9:10). Las relaciones son los puentes sobre los que viaja el Evangelio para tocar las vidas.

Un líder eficaz les recordará constantemente a los miembros de su célula que se hagan amigos de los que no son creyentes para desarrollar esas relaciones. Una de las maneras mejores de hacer esto es seguir el ejemplo de Jesús que satisfacía una necesidad antes de tratar algún asunto espiritual[2]

El pastor David Cho escribe: «Yo les digo a mis líderes celulares: "No les hable a las personas de Jesucristo en cuanto usted llega a conocerlas. Primero visítelas y hágase su amigo, supla sus necesidades y ámelas". Enseguida los vecinos sentirán el amor cristiano y dirán: "Por qué está haciendo usted esto?" Ellos podrían contestar: "Nosotros pertenecemos a la Iglesia del Pleno Evangelio Yoido, y tenemos nuestro propio grupo celular aquí, y le amamos. ¿Por qué no viene usted y asiste a una de nuestras reuniones?"»[4]

ESTRATEGIA

Varios actos de bondad

Alton P. LaBorde, padre, escribe: Una de las maneras claves para encontrarme e invitar a las personas a los grupos celulares es ayudándolas; extraños que se están mudando. Ellos podrían tener un camión o un remolque cargado de muebles, y yo sólo los sigo hasta su destino y les ayudo a descargar. En varias oportunidades he usado mi camión y el remolque de 5 metros para ayudarlos.[5]

INVITE A LOS QUE DIOS HA PUESTO EN SU VIDA

Dios ha puesto su casa en un lugar estratégico. Él le ha puesto en un determinado barrio. Él le ha dado ciertos amigos. Cuando usted evangeliza a los incrédulos, descubrirá algo emocionante: ¡El Espíritu Santo ha llegado antes que usted! Él les está dando hambre por Cristo y preparando sus corazones. Mientras busca señas de la obra del Espíritu Santo trabajando en las vidas de sus amigos, tome en cuenta también las vidas de los que están cerca de ellos. Conozca a las personas que están cerca de ellos. Muchas veces un pariente o un amigo de la persona a los que usted está ministrando está cerca de responder a Cristo. Esta persona puede ser la clave para abrir el corazón de su amigo y muchos otros en esa red de relaciones. Permita que Dios abra sus ojos con respecto a la manera cómo está trabajando en varias vidas que usted está tocando.

DICCIONARIO

¿Qué es un Oikos?

La palabra oikos se encuentra repetidas veces en el Nuevo Testamento, y por lo general se traduce «casa». La palabra se refiere a nuestro grupo primario de amigos: los que están directamente vinculados con nosotros a través de la familia, el trabajo, entretenimientos, hobbies y vecinos.

Estas redes naturales de relaciones permiten que surjan emocionantes posibilidades para la evangelización.

El grupo celular puede proporcionar dichas amistades. La célula llega a ser una segunda familia para muchos. En la célula, estas relaciones familiares se establecen a menudo antes de que el que no es creyente asista al culto grande de la celebración de la iglesia.

Frecuentemente, uno que no es un cristiano vacila antes de entrar de inmediato en una iglesia. Es mucho más fácil participar primero en un grupo celular rodeado de la calidez de un hogar. Dale Galloway escribe: «Muchas personas que no asistirían a una iglesia porque es una amenaza demasiado grande, vendrían a una reunión en una casa».[6] Después, estos mismos que no son creyentes irán a la iglesia con un amigo que ellos han conocido en el grupo celular.

Aunque la experiencia de cada persona es diferente, los estudios demuestran que, como promedio, una persona oye el Evangelio siete veces antes de responder a él. Tenga presente esto. Cuando usted comparte su testimonio o invita a alguien a un grupo celular o a la iglesia y ellos no responden a Cristo, comprenda que ellos podrían necesitar más tiempo.

El ciclo de la evangelización

Juan invitó a María a su grupo celular universitario. María recibió a Cristo y Juan la edificó para llegar a ser una fiel discípula de Jesucristo. El hambre de María por la Palabra creció y en unos meses ella estaba dirigiendo su propio grupo celular, alcanzando a sus amigas que no conocían a Jesucristo. María ahora tiene sus propias discípulas a quienes entrena para dirigir otros tantos grupos celulares. Cinco de sus amigas íntimas de la universidad ahora conocen a Jesucristo como su Salvador personal a raíz de su testimonio.

La palabra clave es invitar. Herb Miller resume la diferencia entre las iglesias crecientes y las iglesias que no crecen con una palabra: «invitar». Miller dice: «Del 70 al 90 por ciento de las personas que se unen a una iglesia en Norteamérica llegan por la influencia de un amigo, pariente o conocido. Todas las posibles enseñanzas teológicas desde el púlpito no pueden superar una invitación de las personas en los bancos».[7]

Porque la mayoría de las personas necesita oír el Evangelio varias veces, es muy importante proporcionar diferentes oportunidades para que puedan oír el mensaje.

EVANGELIZANDO COMO UN EQUIPO

La evangelización en la célula es un ministerio en equipo. Los líderes celulares que movilizan al grupo para considerar la evangelización como la primera prioridad mantienen la salud de la célula. En Marcos 1:17 Jesús le dice a un grupo de pescadores: «Yo os haré pescadores de hombres». ¡Pero pescar solos en la orilla del río con una caña en la mano no era de ninguna manera

Identificando a uno que no es cristiano

El Centro de Oración Mundial Betania usa un código para identificar si alguien en el grupo no es un cristiano. Si el miembro de la célula dice al resto del grupo: «Yo he invitado a un amigo especial esta noche», entonces todos saben que la persona no es un creyente. Esta señal es especialmente importante para el líder. Después de saber los hechos, un líder celular sensible discernirá cómo será la mejor manera de relacionarse con el que no es creyente.

Pasos para alcanzar a otros[10]

➤ Cada miembro tiene como meta un contacto que no es cristiano (por ej., un miembro de la familia, compañero de trabajo, vecino, etc).

➤ Cada miembro de la célula se compromete dentro del grupo (durante el tiempo de las Obras) a iniciar su contacto con esa persona en las siguientes semanas con el propósito de incrementar la amistad. Invite a estas personas que no son creyentes a entrar más en su vida antes de invitarlos al grupo. Intente hacer cosas con ellos y servirlos en el proceso.

➤ Durante cada reunión celular (durante el tiempo de Obras), los miembros comparten lo que pasó con sus contactos.

➤ El grupo pequeño ora diligentemente por estas personas, y también por el miembro del grupo para seguir iniciando nuevos contactos. Ore para que Dios ablande los corazones de sus amistades que no son creyentes. Pídale a Jesús que cree oportunidades para edificar la amistad con las personas. Pídale a Dios que le indique claramente cuándo es el momento correcto para invitar a sus amigos a su grupo.

➤ Un «Evento para la cosecha» se fija para un mes después. La idea es planificar una función «neutral» del grupo –una cena, un picnic, un almuerzo de mujeres, una fiesta con pizza, ver un vídeo, etc. Un retiro de un día o las funciones sociales que incluyen un corto devocional pueden ser maneras sencillas de introducir a sus amigos en los aspectos espirituales del grupo.

➤ Los miembros empiezan invitando sus contactos al evento para la cosecha. Haga que su evento de cosecha sea adecuado para los que están buscando más de Dios. Haga todo lo que sea necesario para que todos se sientan bienvenidos.

➤ Comparta la importancia de la vida del grupo hablando sobre los beneficios del grupo. Usted siempre puede hablar sobre los muchos beneficios del grupo para su propia vida.

➤ Vuelva a invitar a su amigo al grupo cuando surja la oportunidad. A través de la oración continuada y el seguimiento, muchos invitados siguen asistiendo al grupo celular y finalmente también asisten al culto de adoración.

lo que Jesús y Sus amigos pescadores tenían en mente! Cuando pescaban lo hacían como un equipo usando sus redes. Su pesca involucraba a muchas personas y a veces también múltiples barcos (Juan 21:6; Lucas 5:6-7). Pescar con una red es más eficaz que con una caña. Cristo nos llama a trabajar juntos mientras reunimos a las personas y las llevamos a Él.

Las herramientas del pescador –la red y la caña– es la mejor ilustración de la evangelización del grupo pequeño. La evangelización del grupo celular usa la red para agarrar los peces. En todo el sentido de la palabra, es la evangelización en grupo. Todos participan.

Larry Stockstill del Centro de Oración Mundial Betania lo describe de esta manera: «El viejo paradigma del "anzuelo de pesca" está siendo reemplazado por los equipos de creyentes que han entrado en el compañerismo *(comunidad)* con el propósito de alcanzar a las almas juntos. ... Jesús usó el «compañerismo» de la pesca con redes para ilustrar el mayor principio de la evangelización: nuestra productividad es muchísimo mayor cuando lo hacemos juntos y no solos».[8]

David Cho, el pastor titular de la iglesia más grande del mundo, dijo: «Nuestro sistema de grupos celulares es una red para ser lanzada por nuestros cristianos. En lugar de un pastor pescando un pez a la vez, los creyentes organizados forman redes para recoger cientos y miles de peces. Un pastor nunca debe intentar pescar con una sola caña, sino que debe organizar a los creyentes en las "redes" de un sistema celular».[9]

Los que no son creyentes pueden ver a Cristo en su vida, pero pueden verlo aún más claramente cuando usted los presenta a otros cristianos, porque no sólo lo ven en cada vida individual, sino también en sus relaciones unos con otros.

La célula Mateo

La célula Mateo es algo diferente del ciclo celular regular donde se da plena atención a las personas en nuestras vidas que necesitan a Cristo, o que necesitan seguirlo más seriamente. Apartando un tiempo especial para concentrarnos en las personas en nuestro *oikos* (esfera de influencia), es esencial para ayudar a los miembros de su célula para perseverar con los incrédulos en sus vidas. Una nota importante: aunque usted pueda tener reuniones periódicas especiales, tales como la célula Mateo, que se dedican a la evangelización, nunca se prive del tiempo semanal para «compartir la visión» en su célula, donde usted comparte las metas de la célula para multiplicar a los discípulos. Debemos ser estimulados periódicamente para que podamos seguir adelante con nuestras relaciones.

Invitando a los que no son creyentes para las ocasiones especiales

¿A cuáles eventos sociales especiales de su grupo celular o de su iglesia podría invitarlos? ¿Hay otros eventos, dramas o conciertos cristianos que ellos podrían disfrutar yendo con usted?

Mi esposa Celyce es maravillosa para invitar a los que no son creyentes a los eventos celulares cuidadosamente planeados. Ella usa sus artesanías, fiestas y comidas para atraer los que no son creyentes. Dos vecinos asistieron a su grupo celular del martes. Celyce persistió con ambos. Ellos no respondieron inmediatamente, y ella tenía que seguir invitando para recoger finalmente el fruto. Uno de ellos ya ha recibido a Jesús y está asistiendo a nuestra iglesia.

Los eventos especiales, como una cena, ir a un picnic o un grupo celular temático (por ej., uno que enfoca un tema como el matrimonio, la existencia de Dios, etc.) es una gran manera de alcanzar a los que no son creyentes. Yo pienso que es una gran idea alquilar un vídeo y relacionar las lecciones del vídeo con la Biblia. En cierta ocasión, un grupo en el que yo estaba involucrado miró 15 minutos de la película *La Lista de Schindler*, y luego prepararon preguntas acerca del significado de la eternidad. En

Ideas creativas para invitar a los que no son creyentes

➤ Empiece con un asado (barbacoa). Muchos vendrán a un asado antes de asistir a un grupo celular.

➤ Realice la reunión en la casa del miembro que tiene planes de invitar a una persona nueva. Es mucho más fácil para una persona que no es creyente entrar en la «casa de un amigo», en lugar de asistir a una reunión en la casa de un extraño.

➤ Realice una reunión informal para romper el hielo. Ésta podría incluir juegos de grupo interactivos.

➤ Muestre el vídeo «Jesús» con el propósito de invitar a los que no son creyentes. Vean partes de un vídeo secular que se preste para realizar preguntas sobre lo eterno.

➤ Planifique un retiro con su grupo celular; hagan un paseo del grupo en bicicleta; invite a sus amistades que no son creyentes para unirse a su diversión.

➤ Llene sus sillas vacías. Use algunas de las ideas anteriores para invitar a las personas nuevas a su grupo.

➤ Mire a su alrededor el domingo por la mañana. Invite a alguien nuevo o a alguien que no esté en un grupo todavía.

dichas ocasiones, usted puede invitar a las personas *debido* al evento especial que se desarrolla.

EL COMPARTIR TRANSPARENTE GANA A LAS PERSONAS PARA CRISTO

El grupo celular es un lugar emocionante para alcanzar a las personas para Cristo. La atmósfera del hogar edifica relaciones amables y cálidas. En este contexto, las *realidades del evangelio* no llegan como proposiciones frías, sino como verdades vivas

La puerta, por Sam Shoemaker

Yo admiro a las personas que van entrando.

Pero cuánto desearía que no se olvidaran cómo eran antes de entrar.

Entonces podrían ayudar a las personas que ni siquiera han encontrado todavía la puerta;

O las personas que quieren huir de nuevo de Dios.

Usted puede entrar demasiado adentro, y quedarse demasiado tiempo adentro,

Y olvidarse de la gente que está del lado de afuera de la puerta.

En cuanto a mí, tomaré mi lugar de siempre,

Bastante cerca de Dios para oírlo, y saber que Él está allí,

Pero no tan lejos de los hombres como para no oírlos,

Y recordar que también están allí.

¿Adónde? Afuera de la puerta; miles e ellos, millones de ellos.

Pero –lo más importante para mí– uno de ellos, dos de ellos, diez de ellos. Cuyas manos debo poner en el pestillo.

Así que me quedaré junto a la puerta y esperaré a los que la buscan.

«Más bien quisiera ser un portero...» Así que me quedo cerca de la puerta.

10 razones para no evangelizar[11]

➤ Si las personas llegan a ser cristianas, necesitaremos un cuarto más grande para reunirnos.

➤ Orar por dos amigos para que lleguen a conocer a Jesús no está en mi descripción de tareas.

➤ Si todos los que están en mi grupo pequeño quieren ir a India este verano, yo tendré que ir también.

➤ Correr riesgos no es bueno para mi disposición.

➤ Si llegamos a ser conocidos como cristianos entre las personas que nos rodean, ellos podrían empezar a preguntarnos acerca de nuestra fe.

➤ El avivamiento no está en mis planes para este año.

➤ Servir a los pobres podría incomodar mi estilo de vida.

➤ Si nuestro grupo se queda pequeño, todo estará bajo control.

➤ Hablar a las personas de Jesús no es políticamente correcto.

➤ Confiar en que Dios va a usar nuestro grupo pequeño para hacer una diferencia en el campus (universidad), en la comunidad y en el mundo es pedir demasiado.

visibles en las vidas de otros. Las personas son atraídas naturalmente a Jesucristo. Los que no son creyentes pueden hacer preguntas, compartir sus dudas, y pueden hablar sobre sus propias experiencias espirituales. A menudo nuestra falta de honestidad es probablemente el mayor estorbo para que las personas reciban a Jesucristo.

Cuando se comparte de forma transparente en el pequeño grupo entonces los que no son creyentes pueden ver que los creyentes realmente no son perfectos; sólo perdonados. Una de las tácticas principales de Satanás es el engaño legalista, intentando convencer a las personas de que Dios requiere normas inalcanzables y que sólo las personas «buenas» pueden entrar en el cielo. La evangelización del grupo pequeño corrige ese falso concepto. Cuando se comparte abiertamente, los incrédulos cobran un nuevo sentido de esperanza al comprender que los cristianos también tienen sus debilidades y luchas. La diferencia está en que los cristianos ponen su pecado y sus luchas a los pies de la cruz de Jesús.

Jay Firebaugh aconseja lo siguiente: «Así que, cuando un incrédulo se presenta en su célula, haga todo igual que siempre (sólo ore en silencio para que el Espíritu Santo revele al visitante su necesidad de recibir a Jesús). Si usted continúa su reunión como siempre, con Jesús en medio del grupo, los incrédulos serán testigos de la realidad de una verdadera relación con Cristo».[12]

Cristo les dijo a sus discípulos que el amor de ellos atraería al mundo a Él. Más que una simple oración de unidad, la oración de Cristo por Sus discípulos en Juan 17 es un llamado a la evangelización. Jesús dice: «No ruego solamente por estos, sino también por los que han de creer en mí por la palabra de ellos... que también ellos sean uno en nosotros, para que el mundo crea que tú me enviaste» (Juan 17:20-21). Para muchos, la unidad y la evangelización se mezcla del mismo modo como el aceite y el agua. Parecen ser opuestos que se rechazan entre sí. Cristo nos dice, sin embargo, que la unidad entre los creyentes atrae a los que no son creyentes, a Dios.

En los grupos celulares de Wesley, se esperaba que todos hablaran libre y francamente sobre todos los temas, desde sus propias tentaciones hasta de la construcción de una casa nueva. Dentro de esta estructura de «un compartir abierto», muchos se convirtieron. Los corazones de los pecadores se derretían mientras interactuaban con los «pecadores salvados». Jesucristo hacía toda la diferencia.

LA ORACIÓN

La Escritura nos dice en 2 Corintios 4:4 que: «...Entre los incrédulos... a quienes el dios de este mundo les cegó el entendimiento, para que no les resplandezca la luz del evangelio de la gloria de Cristo, el cual es la imagen de Dios». Sólo la oración puede librar del poder del enemigo.

Orando por los que no son creyentes[13]

➤ **La oración por el «asiento vacío»** – Deje un asiento vacío durante cada reunión del grupo para representar a uno o más amigos perdidos (sin Cristo). Pídales a los miembros del grupo que se reúnan alrededor de la silla para orar por la salvación de los perdidos en su *oikos* (esfera de influencia).

➤ **Compañeros de oración** – Establezca que los miembros del grupo se pongan de acuerdo con otro miembro del grupo para orar diariamente por sus amistades que están sin Cristo. Estos compañeros pueden ser responsables el uno del otro.

➤ **Concierto de oración por los perdidos** – ¡Presente un nuevo tipo de oración a su grupo! En la próxima reunión, pídales que se pongan de pie para orar simultáneamente en voz alta por la salvación de sus amigos perdidos específicos. ¡Puede ser ruidoso, pero es un «retumbar» poderoso de oración que es un aviso para satanás!

➤ **Orando y caminando** – Caminen de a dos por una comunidad predeterminada, orando para que llegue la salvación a cada casa o apartamento que pasa en el camino. Esta es una gran manera de preparar una nueva casa donde se realizarán en el futuro sus reuniones del grupo.

➤ **Haga una «lista de bendiciones» o un cartel de «más buscado»** – Use un cartel preimpreso o una hoja grande de papel y escriba en él los nombres de las personas perdidas. Péguelo en la pared y ore por estas personas todas las semanas, y haga planes para que se conecten con los demás miembros entre las reuniones.

Satanás y sus demonios han cegado las mentes de las personas, y son incapaces de ver el evangelio glorioso de Cristo. Pablo también dice en Efesios 6:12: «Porque no tenemos lucha contra sangre y carne, sino contra los gobernadores de las tinieblas de este mundo, contra huestes espirituales de maldad en las regiones celestes».

Si vamos a ver a nuestros amigos, familia, vecinos y compañeros de trabajo ganados para Cristo, debemos pagar el precio en oración. Las células y líderes celulares eficaces se dedican a la oración. Ellos reconocen que la herramienta más eficaz para ganar a los que no son creyentes para Cristo es la oración ferviente. Ellos toman las palabras de Pablo en serio: «Perseverad en la oración, velando en ella con acción de gracias» (Colosenses 4:2).

PUNTOS PARA RECORDAR

La Escritura nos dice: «Dios estaba en Cristo reconciliando consigo al mundo, no tomándoles en cuenta a los hombres sus pecados, y nos encargó a nosotros la palabra de la reconciliación» (2 Corintios 5:19). Dios usa ahora nuestras manos para que un mundo perdido y herido sea presentado a Él. Recuerde que:

➤ La evangelización eficaz cultiva las amistades naturales y las relaciones que Dios ha puesto en nuestras vidas.

➤ La evangelización de la célula se realiza como un equipo y no al nivel individual.

➤ Los que no son creyentes son atraídos a los eventos celulares especiales (por ej., una cena de la célula, vídeo, picnic, etc.).

➤ Un compartir transparente dentro de la célula a menudo ganará a otros para Cristo.

➤ La oración es la herramienta más eficaz para ganar a los que no son creyentes para Cristo.

Caminando juntos

Caminando juntos

El viaje de mil millas empieza con un solo paso. Nuestros pies proporcionan la dirección al resto de nuestro cuerpo. Sabiendo qué pasos debemos tomar ayudará al líder del pequeño grupo a trazar el mapa para el viaje, recordando que un camino predecible queda por delante.

CAPÍTULO 9

CAMINANDO JUNTOS:
AVANZANDO A TRAVÉS DE LAS ETAPAS DE LA VIDA

M i madre es profesora de la universidad en la disciplina llamada «Desarrollo del Niño». Cuando nuestra hija Sara era joven, solíamos llamar a menudo a mi mamá con urgencia en nuestras voces: «¿Es natural que Sara actúe de este modo?» «Sí, querido», respondía mi madre. «En realidad, puedes esperar que ella manifieste estas características.» Casi místicamente, ella predecía las tendencias de Sara para su edad. El consejo de mi madre estaba fundado en los modelos con base científica para los niños de su edad.

Como líder celular, usted adquirirá confianza sabiendo cómo guiar al grupo a través de las etapas predecibles para los pequeños grupos. Los expertos en las dinámicas de los grupos pequeños han analizado estas etapas (llamadas de distintas maneras), y usted

Etapas de los grupos pequeños

➤ **La etapa de formación:** Concentración en los rompehielos y los encuentros sociales.

➤ **La etapa de conflicto/normativa:** Concentración en la honesta aplicación de la Palabra de Dios y la oración.

➤ **La etapa de realización:** Concentración en la evangelización a los que no son creyentes y permitir que otros en el grupo ministren.

➤ **La etapa de reforma:** Concentración en el desarrollo de los líderes y la reproducción.

podrá encontrar montones de materiales sobre este tema. Este capítulo le servirá como punto de partida.

LA ETAPA DE FORMACIÓN

«¿Quiero realmente involucrarme con esta clase de grupo?», se preguntaba Tom en las primeras semanas del grupo celular de Jaime. La mayoría de los miembros del grupo de Jaime se estaban haciendo la misma pregunta. Roberta Hestenes escribe: «Cuando un grupo se reúne por primera vez, todos los miembros tienden a experimentar un choque de sentimientos de atracción y repulsión. Aunque han elegido el estar allí, todavía están probando al grupo para ver si puede ser una experiencia satisfactoria y que les valga la pena. Cada uno piensa si será aceptado o no».[1]

Las personas realmente quieren saber si este grupo es el talle correcto para ellas. Una pareja joven estará buscando comunión con personas afines a ellos Tomemos como ejemplo a Juan y a María. Ellos son una pareja *yuppie* (expresión que define a los jóvenes empresarios y profesionales exitosos), en busca de un compañerismo con otras parejas semejantes. Sin embargo, ellos notan que el grupo está constituido principalmente por parejas mayores e incluso algunas personas mayores solas y divorciadas que hablan mucho. Aunque Juan y María sienten que les aman mucho, tendrán

Etapa de formación

➤ **Estrategia del líder:** Aclarar el propósito, dirección y metas. Ante todo, el líder debe ser modelo de transparencia compartiendo abierta y honestamente.

➤ **Actividades:** Rompehielos, compartiendo la visión y actividades sociales (ej., refrigerios, picnics, etc.).

que considerar sus opciones. ¿Se quedarán? ¿O será mejor buscar otro grupo? Las personas no deben sentirse obligadas a quedarse en el grupo.

Durante esta primera fase, los miembros del grupo dependen del líder para guiarles y para impartirles la visión. El líder debe ser transparente y proporcionar actividades que no sean amenazantes y que edifiquen las relaciones en el grupo. El líder establece el tono cuando siempre cuenta su historia primero. La información de sí mismo continúa mientras el líder permite y estimula a cada miembro a contar su historia, dando contestaciones positivas y de afirmación. El líder utiliza varios medios como facilitador para ayudar a los miembros a compartir su historia, reduciendo de este modo su ansiedad y empezando a construir su confianza.

El grupo debe enfocar en los rompehielos, testimonios y en el tiempo social al final. La meta durante esta etapa es edificar la relación, no el estu-

Etapa de conflicto/normativa

➤ **Estrategia del líder:** Mostrar simpatía, entendimiento, franqueza y flexibilidad. Para ser modelo del ministerio, mientras prepara a los miembros para estar más involucrados.

➤ **Actividades:** Adoración dinámica, compartiendo en profundidad durante el tiempo de la lección, y ferviente oración.

**Confesiones del director
de un grupo pequeño[3]**

«Yo encuentro que los grupos no realizan trabajos de evangelización instintiva e intencionalmente sin una buena dosis de estímulo de guía de parte del entrenador de los grupos pequeños y de mí. Quizás es la tendencia de nuestras viejas naturalezas que hacen que los grupos (y también las iglesias) se concentren en sí mismos en lugar de servir libremente a los demás con el amor de Cristo.»

Etapa de realización

➤ **Estrategia del líder:** Liberar a otros para ministrar. El líder debe ubicar, entrenar (o asegurarse de que los líderes potenciales reciban entrenamiento) y liberar los líderes futuros. El líder dirige al grupo menos durante esta etapa, animando a otros a dirigir partes del grupo (por ej., el rompehielos, la adoración, etc.).

➤ **Actividades:** Eventos de evangelización que podrían incluir cenas evangelísticas, vídeos, picnics, etc. El tiempo de Obras recibe máxima atención.

dio de la Biblia, las misiones o la adoración. Usted podría decir que es la etapa del rompehielos.

LA ETAPA DE CONFLICTO/ NORMATIVA

La segunda etapa se caracteriza por el *shock*, la paciencia y la gracia. El conflicto entre los miembros de grupo ocurre a menudo durante esta etapa. El conflicto es una parte natural y saludable del proceso para la edificación del grupo (dentro de los límites), sobre todo cuando los miembros se sienten más cómodos entre sí y se arriesgan a compartir sus propios puntos de vista.

Durante esta etapa los miembros del grupo se quitan las máscaras y dejan ver sus verdaderas personalidades. Doug Whallon escribe: «Ellos [los miembros del grupo] saben que son aceptados y por lo tanto no necesitan usar máscaras... porque saben que han sido perdonados por Dios».[2] Los miembros están más dispuestos a probar sus verdaderas opiniones delante del grupo para ver cómo reaccionarán

La evangelización

«La evangelización es simplemente un mendigo que le dice a otro mendigo dónde encontrar pan», dice D. T. Niles.

Toda clase de proyectos del ministerio

Visite www.kindness.com donde hay literalmente miles de ideas para los proyectos de servicio. Este es un gran recurso para las ideas de servicio. (La página está en inglés.)

los demás. Cuando los miembros comparten sus opiniones que son contrarias a las opiniones de otros dentro del grupo, puede haber conflicto.

Por lo tanto, el líder debe mostrar simpatía, entendimiento, franqueza y flexibilidad. Debe ser un modelo del ministerio, mientras prepara a los miembros para estar más involucrados.

El fin de esta etapa marca el comienzo de la apropiación del grupo. *El* grupo llega a ser *nuestro* grupo. Para abreviar, el grupo está ahora listo para un compromiso más serio. Los que están más comprometidos serán su grupo principal de apoyo.

LA ETAPA DE REALIZACIÓN

Durante las primeras dos etapas, los miembros desean

No espere demasiado tiempo[4]

El pastor de un grupo pequeño aconsejó a un grupo que se había reunido por más de dos años: «… Este grupo debió multiplicar hace mucho tiempo. Así como el ciclo de gestación tarde nueve meses, así debe ser el ciclo de vida del pequeño grupo. La razón por la que [este líder] no puede deducir en qué etapa está su grupo es porque ya debían de haber experimentado todas las etapas. La bolsa de agua se ha roto. ¡Es tiempo de P-U-J-A-R! ¡Es tiempo de ir al mundo y multiplicar!»

Nacimiento en el primer siglo[5]

El grupo pequeño se estaba reuniendo por última vez. Su líder se estaba yendo, los miembros eran inestables. Algunos en el grupo estaban divididos e incluso rivalizando por las posiciones de prominencia. Quedó al descubierto que uno de los miembros era fraudulento y un ladrón. Derrota y temor eran la mejor descripción para esa última reunión. Sin embargo, el líder proclamó audazmente: «No se turbe vuestro corazón. Creéis en Dios…»

El líder era el Señor Jesús, el grupo celular disfuncional eran los doce discípulos, y la reunión tuvo lugar sólo unas horas antes del arresto, juicio y ejecución de Cristo.

explorar las personalidades los unos de los otros, y la comunión es una alta prioridad. Este énfasis puede desgastarse fácilmente, si el grupo no entra totalmente en la fase del ministerio. El peligro está en que los miembros del grupo se ocupen tan solo de lo que hay en el grupo y no se dediquen a evangelizar para incluir a otras personas nuevas en el grupo. Cuando un grupo celular ha estado demasiado tiempo junto, puede ocuparse solamente de lo interno. A las personas nuevas se les consideran como si fueran intrusas y pocas veces regresan.

Un grupo que no evangeliza tiende a morir una muerte dolorosa. Tal como dijo Jesús: «De cierto, de cierto os digo que si el grano de trigo que cae en la tierra no muere, queda solo, pero si muere, lleva mucho fruto» (Juan 12:24).

Un pastor amigo asumió hace poco tiempo una nueva tarea con un grupo pequeño en una iglesia. Después de unos meses él escribió: «Yo estoy aquí intentando resolver el enigma de la célula norteamericana. El desafío más grande para los grupos aquí en EE.UU. es conseguir ímpetu evangelístico. Si no consiguen que funcione la evangelización, se estancan y entonces los pastores pierden el interés en las células». La «sangre fresca» hace que un grupo celular sea emocionante, y el líder debe animar a que haya una evangelización proactiva durante esta etapa.

En esta fase, la evangelización es la prioridad. El líder debe involucrar el grupo entero en varios eventos de evangelización. El líder debe dirigir el grupo para orar por los que no son creyentes, planificar eventos de cosecha e invitar a las nuevas personas a los grupos.

El líder también debe liberar a otros para ministrar, reclutar a otros líderes para el entrenamiento y despliegue, y desafiar a otros para arriesgarse por el Señor Jesús. El líder dirige menos durante esta etapa, animando a otros para dirigir partes del grupo (por ej., el rompehielos, la adoración, etc.).

LA ETAPA DE REFORMA

Dar nacimiento –es decir, multiplicar– un nuevo grupo pequeño puede ser uno de los eventos más emocionantes en el grupo. Al final de la etapa de la Realización, el grupo exitoso multiplicará enviando a los líderes designados a formar un nuevo grupo (o grupos).

Etapa de reforma

➤ **Estrategia del líder:** Hacer los preparativos finales para que el nuevo líder dirija el grupo celular hijo. El líder debe permitir que el nuevo facilitador guíe todo el grupo celular para prepararse para dirigir su propio grupo.

➤ **Actividades:** El líder frecuentemente habla con el grupo sobre la importancia del nuevo nacimiento. Durante el tiempo de las obras hay oración ferviente por el nuevo grupo celular. Realice una fiesta de celebración (frecuentemente se llama una «fiesta de cumpleaños» en la célula madre inmediatamente antes del nacimiento de la célula hija.

¡Pruebe Esto!

El tiempo que lleva para multiplicar un grupo celular

➤ Nueve meses a un año es una pauta válida a tomar en cuenta para la multiplicación de un grupo pequeño. Las células que no multiplican en un año caen en el grave peligro de estancarse de forma permanente.

➤ Después de un año, los líderes superiores deben preguntar por la salud del grupo. En algunos casos (por ej., los grupos que empezaron sin creyentes), es aconsejable cambiar el líder, cambiar algunos miembros a otra célula, o alguna otra cosa que dé un empujón al grupo para multiplicar.

El nacimiento debe verse como una celebración, no una separación. Recuerde que el Señor «añadía cada día a la iglesia» (Hechos 2:47). El Señor ha dado el crecimiento; nosotros debemos responder haciendo que Su obra prosiga y empezar nuevos grupos. Como las células en el cuerpo humano, los grupos celulares en los hogares deben multiplicar o enfrentar el estancamiento.

Dar nacimiento a los nuevos grupos debe ser un valor fundamental. Yo creo que en la primera reunión, el líder debe decir: «Nosotros esperamos que el Señor agregue a otras personas a nuestro grupo, y nuestra meta es celebrar el nacimiento de un nuevo grupo también, más adelante». Los grupos que multiplican deben ser premiados, y los líderes deben ser reconocidos.

Las iglesias celulares que crecen alrededor del mundo colocan la multiplicación de la célula como la motivación principal para el ministerio celular. Es mejor involucrar *todo el grupo en el proceso de la decisión*. Si es posible, el grupo mismo debe ser involucrado con preguntas tales como:

- ¿Cuándo empezará el nuevo grupo?

- ¿Quién dirigirá el nuevo grupo?

- ¿Quiénes (de los miembros) dejará el grupo existente para llegar a ser los miembros fundamentales del grupo nuevo?

Algunos investigadores de los grupos pequeños promueven la terminación del grupo después de un año. Mi consejo es que piense en términos de multiplicación en lugar de la terminación. Los grupos pequeños nacen para multiplicar, en lugar de morir.

Nunca permita que las etapas del grupo pequeño impidan la multiplicación de su grupo celular. He oído esta excusa antes: «No puedo multiplicar mi grupo porque no hemos pasado por todas las etapas». ¡Equivocado! Usted puede multiplicar su grupo celular siempre que tenga un líder entrenado –aunque haya pasado por todas las etapas, o no.

No es necesario tener un cierto número de personas asistiendo a su grupo antes de multiplicar. Más bien, debe multiplicar la célula siempre que tenga un líder entrenado. Este líder podría tomar de una a tres personas de la célula madre para formar el grupo nuevo.

Las etapas de los grupos pequeños son como una má-

¡Prueba Esto!

Usted puede multiplicar sin completar todas las etapas

➤ Estas etapas le darán una guía general para la mayoría de los grupos pequeños. Sin embargo, los grupos celulares siempre están abiertos para recibir a los visitantes. Con la inclusión de los miembros nuevos, los ciclos podrían empezar y detenerse por el camino.

➤ Es sabio multiplicar cuando tiene un líder entrenado, en lugar de esperar para que haya un cierto número de personas en su célula.

quina de rayos X para ayudarle a ver el proceso normal. Pero así como la máquina de rayos X no puede hacer que su cuerpo crezca, las etapas de los grupos pequeños tampoco iniciarán el crecimiento y el nuevo nacimiento. Para hacer esto, usted necesitará comenzar a entrenar nuevos líderes desde el comienzo mismo de su grupo celular.

Otra vez, solos

En varias ocasiones, mi esposa y yo nos hemos sentido como dice el dicho: «Otra vez, solos», después de haber multiplicado nuestro grupo celular del jueves por la noche. Anhelábamos tener los miembros que teníamos antes, pero entendíamos que necesitábamos empezar de nuevo. El conocimiento de los ciclos de los grupos pequeños nos ayudaba para guiarnos al siguiente paso.

Esta es mi oración por usted mientras avanza atravesando cada etapa en su grupo actual. Conociendo estas etapas, y aplicando los principios de liderazgo para cada uno pondrá a punto su liderazgo celular y le dará más confianza para sostenerse en medio de las tormentas.

Puntos para recordar

El conocimiento de las etapas de los grupos pequeños le ayudará a guiar su grupo a través del progreso natural de la vida del grupo celular. Recuerde que:

➤ Los grupos pequeños *generalmente* atraviesan cuatro etapas.

➤ La etapa inicial de *formación* es un tiempo para llegar a conocer a los miembros del grupo.

«Diez excusas pobres más usadas para no multiplicar el grupo»[6]

➤ Buscamos calidad, no cantidad.

➤ ¿Por qué querríamos más gente en el grupo?

➤ ¡¿Multiplicar?! ¡Desde que comenzamos a evangelizar a los esquizofrénicos en el hospital, me siento como si estuviéramos multiplicando todas las semanas.

➤ ¡No alcanzará la torta de Sandra para una segunda ronda!

➤ ¿Eso no deja marcas de estiramiento? (O, ¿No dolerá el nuevo nacimiento?)

➤ Podría tener que dejar mi asiento cómodo por una fría silla metálica.

➤ No lo necesitamos; sólo tenemos alrededor de 20 personas que vienen a nuestro grupo.

➤ ¡Visitantes! ¡Quién los necesita!

➤ Mis hijos son demasiado jóvenes para explicarles el proceso del nacimiento.

➤ Dar nacimiento a un nuevo grupo no es justamente mi don.

➤ La etapa de *conflicto/normativa* se caracteriza por el conflicto mientras los miembros forman relaciones más profundas.

➤ Durante la etapa de *realización*, el grupo solidificado está más preparado para evangelizar a otros.

➤ La etapa de *reforma* es un tiempo para dar nacimiento a otro grupo y volver a empezar nuevamente el proceso.

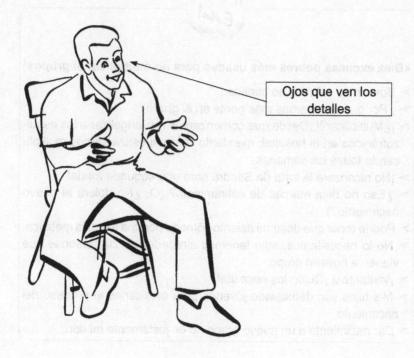

Ojos que ven los detalles

Ojos que ven los detalles

Los líderes celulares con una visión 20-20 (perfecta) ven los detalles más pequeños (refrigerios, temperatura, etc.) y también los más importantes (la lección, la multiplicación, etc.). Para ver realmente los detalles hay que pensar seriamente antes y después de la reunión.

CAPÍTULO 10
OJOS QUE VEN LOS DETALLES

E n cierta oportunidad escuché a un profesor que compartió un sabio consejo con un grupo de predicadores: «El domingo por la mañana, *antes* de ascender al púlpito santo para predicar la inerrante Palabra de Dios ante una congregación esperando y con hambre de las cosas de Dios, tome un momento para asegurarse de que la cremallera de sus pantalones no está baja». Él sabía que el punto principal se perdería si los detalles no eran atendidos.

Tome un momento para ver los detalles. Los ojos de los líderes celulares eficaces se pasean alrededor de la sala para asegurarse de que las hojas de los cancioneros han sido distribuidas, el teléfono está descolgado y las sillas están colocadas en un círculo.

Los detalles son importantes. Son importantes para Dios y son importantes para las personas que asisten. Imagine los detalles increíbles del templo del Antiguo Testamento. Dios le pidió a Moisés que siguiera Su plan con precisión, hasta los más mínimos detalles.

ATMÓSFERA DEL HOGAR

Nosotros nos acostumbramos a los olores en nuestras casas, pero las visitas los sienten inmediatamente. Las mascotas, las cosas que los niños vuelcan en los lugares más insólitos, perfumes penetrantes, la cena e incluso los desodorantes ambientales, pueden ser irritantes. Usted sabe todo acerca de su casa. Le gusta su olor. Pero quizás otras personas no sientan tanto entusiasmo. Piense en las narices de ellos.

Si usted tiene bebés, asegúrese de tirar los pañales sucios antes de comenzar la reunión o ponga la canasta con la ropa en el cuarto del lavado. Dios quiere que seamos uno en Cristo, pero no ponga a prueba la unidad de los miembros de la célula intencionalmente permitiendo que ciertos olores extraños inunden la sala.

Asegúrese de limpiar el baño para las visitas antes del comienzo de la reunión del grupo celular. ¿Hay papel higiénico, jabón o toalla?

LA TEMPERATURA

La temperatura en la casa aumenta en la medida en que aumenta la cantidad de personas en la sala. Los miembros se pueden agitar y sentirse incómodas por la falta de aire nuevo y fresco. Si la gente debe ponerse chaquetas pesadas en su casa, aunque haga un calor de verano, es posible que usted necesita ajustar la temperatura del aire acondicionado. Lo más importante es que usted sea sensible a las necesidades de los que están en la sala. Un experto aconsejó que 67º F (20º C) es una temperatura ideal para los grupos en los hogares.[1] El sentido común posiblemente sea un mejor medidor de la temperatura.

UBICACIÓN DE LAS SILLAS

Coloque las sillas de las personas para que cada uno pueda ver a todos los demás en el grupo. Un círculo es la mejor opción.

Como líder, coloque su silla de modo que esté en el mismo nivel que las de los demás en el grupo —no en una punta, tampoco atrás.

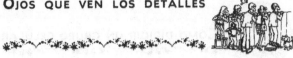

**«Diez razones importantes para no reunirse
en la casa de su anfitrión»[2]**

➤ Cuando se siente tan cómodo que no se molesta en ponerse una camisa durante el tiempo del estudio.

➤ Cuando tienen una nueva alfombra blanca y recogen cada miga que cae con una mano, y con la otra cargan a todas partes la aspiradora.

➤ Cuando la idea del anfitrión para el rompehielos es mostrar la diapositivas de sus vacaciones.

➤ Cuando usted está cansado de encontrar los pelos del gato en su café.

➤ Cuando sus reuniones de comunión resultan en una fiesta para pintar la casa.

➤ Cuando ellos no creen en el sistema sanitario (sólo un agujero en el piso, en su baño).

➤ ¡Durante las últimas semanas hay un cartel en la puerta. «Pase, por favor y encienda la máquina del café», pero ellos nunca aparecen!

➤ Cuando hay una proporción de 10 gatos por cada persona.

➤ Cuando la casa del anfitrión está tan cerca del reactor nuclear que cuando usted apaga la luz los anfitriones brillan en la oscuridad.

➤ Cuando el anfitrión cobra por el estacionamiento del vehículo.

Si la casa es grande, es mejor ubicar las sillas en un círculo más pequeño, ocupando sólo una parte de la sala.

Simplemente recuerde que las salas grandes pueden ser excelentes para los grupos grandes, pero matan la discusión en los grupos pequeños. Cuando las personas están lejos los unos de los otros (como es el caso en las casas grandes), es más difícil compartir pensamientos y sentimientos abiertamente.

Algunas personas se sienten más intimidadas con respecto a abrir sus casas porque ellas no son tan grandes o lujosas como

¡Pruebe Esto!

Cómo colocar las sillas

➤ **Forma incorrecta**

➤ **Forma correcta**

las de otros miembros de la iglesia. No escuche este argumento.[3] Realmente, un apartamento pequeño o casa genera el sentimiento de intimidad y recuerda al grupo que, cuando hay de ocho a doce personas, ya es tiempo de prepararse para comenzar un grupo nuevo.

Iluminación

Debe haber suficiente luz como para que todos puedan leer, pero lo suficientemente tenue como para que se sientan cómodos. Si es demasia-

VISIÓN

Las células en Ciudad de México

En Ciudad de México, una ciudad de 25 millones de personas, las casas y los apartamentos son muy pequeños. Por el tamaño de los cuartos se debe limitar el tamaño máximo de las células a diez personas. Diez es un tamaño ideal para una célula y hace que el grupo se acuerde constantemente de la necesidad de dar a luz grupos celulares hijos.

do oscuro, las personas tendrán dificultades para seguir las hojas del cancionero, la lectura de la Biblia y otros folletos. Usted puede pensar que esto no es importante, pero los detalles sí importan. Son los pequeños detalles que a menudo hacen la diferencia.

MATERIALES

Provea materiales para todos. Ellos se lo agradecerán. He asistido a unos grupos pequeños donde sólo había unas pocas hojas del cancionero. Yo compartí la hoja del cancionero con la persona a mi lado a quien yo no conocía. Me encontré concentrándome más en mantener la hoja firme que en la adoración al Señor. Gaste el dinero que sea necesario y asegúrese de que todos tengan su propia copia.

Nunca he tenido la costumbre de entregar las lecciones a todos los miembros. Yo los invito simplemente a seguir la lectura de la Biblia y luego les hago preguntas relevantes que se aplican al texto de las Escrituras (aunque es una buena idea tener copias adicionales de la Biblia para los que no han traído).

Ninguna comida de cinco platos

No permita que el refrigerio llegue a ser una carga; o peor aún, una cuestión de competencia. Si usted tiene problemas económicos y necesita que le ayuden con esto, por supuesto, solicite la contribución de los otros miembros del grupo.

Cuando David Cho recién comenzaba con las células en su iglesia, él notó que había competencia entre los miembros de la célula para mejorar lo que había sido el refrigerio de la semana anterior. Finalmente el pastor Cho tuvo que imponer una regla que para este tiempo sólo habría un postre sencillo y económico.

Máxima comunión

Algunos grupos celulares siempre se sientan juntos alrededor de una mesa durante el tiempo del refrigerio. Esto aumenta al máximo la comunión del grupo. Considerando el aspecto negativo, es más difícil desarrollar relaciones individuales en esta atmósfera (por ej., seguimiento, preguntas personales, etc.), y posiblemente alguien tenga que irse en cuanto termina la célula. La variedad es la mejor regla aquí.

REFRIGERIO

El tiempo del refrigerio no es algo añadido al ministerio de los grupos pequeños. Es una parte vital de él. El tiempo del refrigerio es a menudo el mejor momento para hacer preguntas personales, entrar en una comunión más profunda, o incluso para recoger la cosecha.

Mencioné más arriba que algunos grupos celulares proporcionan patatas fritas y jugos durante el tiempo del rompehielos *y también* después de la oración final. Si usted puede hacer esto, tanto mejor. Si tiene que elegir por una entre ambas posibilidades, sirva los refrescos después.

Después de la reunión, a veces servimos a las personas mientras todavía están sentadas. La mayoría de las veces, estamos de pie alrededor de la mesa del comedor. Esto da mayor libertad para que las personas puedan desplazarse, hablar con libertad y conversar individualmente. En raras ocasiones, nos sentamos como un grupo alrededor de la mesa en el comedor.

El tiempo del refrigerio generalmente demora aproximadamente 15 minutos. Después, las personas se retiran según su propia iniciativa.

Sin embargo, es el líder de la célula quien establece la tónica. Si el líder de la célula es abierto, las personas querrán quedarse

más de una hora. Si el líder de la célula necesita acortar el tiempo, las personas lo sabrán.

Personalmente, creo que una hora de hablar y compartir es suficiente. Nuestro grupo *generalmente* pasa media hora de compañerismo después de la reunión del grupo celular. Mi célula empieza a las 19:30 horas y termina a las 21 horas, y las personas general-

Más que un detalle: La prominencia de los niños en la Iglesia Elim

Una de las iglesias más grandes de los grupos pequeños en el mundo es la Iglesia Elim en San Salvador. Más de 110.000 personas asisten a los grupos celulares todas las semanas. La mitad de ellos son niños.

¡Prueba Esto!

Diez pésimas opciones para el cuidado infantil[5]

➤ Salto bungui (en picada) para el bebé.

➤ Colgándolos de los ganchos junto a la puerta de delante.

➤ ¡Dar a los niños botes de pintura en *spray* y permitir que vayan al sótano sin supervisión!

➤ Jugar a las escondidas en el sótano de la iglesia y buscarlos una hora después.

➤ ¡Dibujos animados! ¡Dibujos animados! ¡Dibujos animados!

➤ Tenemos un perro que es genial con los niños.

➤ La maratón de los Simpson.

➤ Dígales que se queden parados en el fondo de la iglesia por una hora y luego les comprará un Pókemon.

➤ ¡Déjelos con su hijo de 8 años y una bebida fuerte!

➤ Diga a la persona a cargo «seguramente, usted podría invitar a la banda de *rock* de su novio para que venga a practicar».

Los niños necesitan discipulado

Daphne Kirk dice: «¡Los niños en su célula necesitan discipulado por las mismas razones que un adulto! Cada niño es único, un individuo profundamente precioso a los ojos de Dios y de sus padres. Para que esa individualidad sea reconocida temprano en la vida, necesitan de alguien que sepa dónde están en su relación con Jesús y los problemas que ellos enfrentan».[6]

mente se retiran aproximadamente a las 21:30 horas (hay excepciones, por supuesto, a cualquier regla). Dependiendo de su personalidad, usted puede desear más o menos tiempo después.

Los líderes celulares sensibles se aprovechan de este tiempo para hacer contactos personales, saludar a las visitas, y para confirmar decisiones anteriores. Sea proactivo durante este tiempo. No espere que las personas vengan a usted. Vaya a ellas.

LOS NIÑOS EN LA CÉLULA

Yo dudo aún de hablar sobre esto como un *detalle* del ministerio celular. Realmente, se podrían escribir libros enteros sobre los grupos celulares de niños, y de hecho existen algunos libros excelentes sobre este tema.[4] Pero como este libro está dirigido al liderazgo del adulto, incluiré algunas simples observaciones.

Las edades de los niños hacen un mundo de diferencia. Si los niños tienen seis años o menos, necesitarán más actividades, tales como cantos, juegos, ayudas visuales o vídeos. Los niños en este grupo, obviamente, no se beneficiarán tanto de un grupo de adultos. Por esta razón algunos grupos celulares ofrecen la op-

ción de proporcionar cuidado infantil a precios razonables (algunas iglesias ofrecen este cuidado de los niños gratuitamente durante el tiempo de la célula).

Yo prefiero que los niños empiecen a experimentar la vida de la célula a una temprana edad. A continuación encontrarán algunas sugerencias prácticas para que funcione:

➤ Permita que los niños se queden en la célula de los adultos durante el rompehielos y el tiempo de adoración. Durante el tiempo de la Palabra, los niños pueden salir de la célula de los adultos y pueden recibir una lección bíblica personalizada dirigida por uno de los miembros de la célula (si es necesario, los miembros pueden turnarse para este tiempo de enseñanza). También se podría mostrar un vídeo cristiano en este tiempo.

➤ Cuando el grupo tiene cuatro niños o más de forma consistente, ore para que Dios abra el camino para que un adulto o un adolescente pueda dirigir el grupo celular de los niños. Este podría ser alguno de su propio grupo celular de los adultos, o de su iglesia. Los niños se pueden reunir entonces con su líder celular en un cuarto diferente de la misma casa durante todo el tiempo de la reunión celular (o por lo menos para la parte de la lección). Este es un grupo celular normal y permanente de niños que promueve un orden celular similar –rompehielos, adoración, la lección, oración y evangelización–. La iglesia debe proporcionar el material para el líder de la célula de los niños y todo el apoyo necesario.

➤ Otra opción es tener grupos pequeños para los niños en diferentes barrios de la ciudad. Este grupo pequeño sería dirigido por adultos. Estas células durante las horas de la tarde son muy parecidas a los grupos pequeños del Compañerismo para la Evangelización del Niño.

LAS DISTRACCIONES

La combinación ideal

La situación ideal es tener un pastor para la celebración de los niños y el grupo celular de los niños para asegurarse de que los líderes celulares de los niños reciban el entrenamiento apropiado y los recursos para hacer un buen trabajo.

Cuídese contra las distracciones. Descuelgue el teléfono o póngalo de tal modo que no suene, y baje totalmente el volumen de su contestador telefónico. Ponga sus mascotas en otra pieza o afuera. Apague la TV, las radios y computadoras durante la reunión. Sí, nuestras vidas están ocupadas todo el tiempo, pero durante una hora y media que dura la reunión del grupo celular, usted debe concentrarse en la célula cien por ciento. No conteste el teléfono.

Compañerismo para la evangelización del niño y los clubes de Buenas Noticias

Los clubes de las Buenas Noticias se reúnen en los barrios donde viven los niños. Los muchachos y las muchachas de 5 a 12 años de edad se reúnen con sus amigos para cantar algunas canciones, memorizar la Palabra de Dios y para aplicar la Palabra de Dios a sus vidas. En cada reunión del grupo, se les da la oportunidad de recibir a Jesucristo como su Salvador.

Mi esposa y yo hemos hecho un trato para dejar que el teléfono siga sonando aun cuando es un miembro de la célula para decir que va a llegar tarde. ¿Importa realmente si la célula ya ha comenzado? Que la persona simplemente llegue cuando pueda. Usted necesita concentrarse en los que están allí.[7]

¿Y qué sucede cuando sus propios hijos –que debían estar durmiendo– comienzan a llorar durante la reunión del grupo celular? Asegúrese de

que usted y su esposa tengan una estrategia para cuidarlos. ¿Quién de ustedes saldrá durante la reunión cuando alguno de ellos empieza a llorar? Asegúrese de que uno de ustedes se ocupe de esta tarea.

Tiempo para empezar

Una frustración común entre los líderes de los grupos pequeños es conseguir que los grupos comiencen en hora. No es raro esperar cinco o diez minutos más allá de la hora de empezar mientras se espera que lleguen los miembros de la célula.

Lista para evitar las distracciones

➤ ¿Está descolgado el teléfono?

➤ ¿La temperatura es aproximadamente de 20° C (67° F)?

➤ ¿Las sillas están colocadas en un círculo?

➤ ¿Hay suficientes asientos?

➤ ¿Hay suficiente luz en la sala?

➤ ¿Hay suficientes cancioneros para todos? ¿Biblias?

➤ ¿Está preparado el refrigerio?

El líder debe tomar una decisión. ¿El grupo empezará en hora o esperará hasta que lleguen todos los miembros? Dos pasos simples pueden ayudar a los líderes a resolver este viejo problema.[8]

Concuerde con las expectativas. Pregunte al grupo lo que ellos piensan con respecto a empezar en hora. Este es el tiempo ideal para que el grupo establezca expectativas claras acerca de la hora de comenzar, y la importancia (o insignificancia) de que los miembros del grupo lleguen en hora. Probablemente los miembros del grupo estarán de acuerdo que es importante llegar en hora. Lo más crítico es que los miembros del grupo se pongan de acuerdo. Recuerde también que usted puede repasar este compromiso a medida que se vayan sumando personas nuevas.

Empiece en hora. Quizás parezca obvio que el líder deba empezar la reunión en hora cuando lucha en contra del retraso crónico. Sin embargo, como se ha mencionado antes, muchos líderes no empiezan en hora porque están esperando que lleguen todos los participantes. Demorar el comienzo de la reunión de la célula puede significar varias cosas para los miembros:

➤ «Esta reunión realmente no empieza a las 18 y 30; empieza a las 18 y 45.»

➤ «Está bien si llego tarde; ellos no empezarán sin mí, de todas maneras.»

➤ «Los primeros 15 minutos de nuestra reunión no son importantes.»

Si el líder de un grupo pequeño empieza en hora sin tomar en cuenta a los rezagados, les está enviando el mensaje de que todas las partes de la reunión son importantes. El líder también está haciendo un sabio uso del tiempo limitado que tiene disponible para la reunión. Finalmente, si el líder de un grupo pequeño suele empezar en hora, la gente llegará en hora. Por el otro lado, si un líder no empieza en hora, los miembros llegarán cada vez más tarde.

TIEMPO PARA CONCLUIR

Yo no creo que la reunión de un pequeño grupo deba durar más de una hora y media. Me gusta decirle a los líderes celulares: *Si usted no llega al petróleo en una hora y media, deje de perforar.* David Cho, el pastor titular de la Igle-

Tratando con los rezagados

Aun cuando usted empieza siempre a determinada hora, todavía podrían haber personas que crónicamente llegan tarde. Esto requiere que hablen con franqueza el líder y el miembro del grupo que siempre llega tarde.

Formalmente termine la célula en hora

¡Póngase de pie, tómense las manos formando un círculo, y guíe en oración para terminar en hora –aunque no haya terminado todavía–. No desgaste su bienvenida, sobre todo entre los que tienen niños y necesitan el tiempo para prepararse para el próximo día. La reunión celular semanal es sólo una parte pequeña de la vida de la célula.

sia del Pleno Evangelio Yoido, recomienda que una reunión celular no dure más que una hora.

Los miembros de la célula tienen numerosas responsabilidades, que incluyen ir a trabajar, pasar tiempo con la familia y numerosos quehaceres. El miembro de una célula podría pensarlo dos veces con respecto a su asistencia a la reunión de la siguiente semana si la reunión es demasiado larga.

LA BENDICIÓN DE DIOS SOBRE SU CASA

Con todos estos detalles, usted podría dudar de ser el anfitrión para un grupo celular. Antes de decir que no, considere la bendición de Dios sobre su casa.

Cuando alguien abre su casa para un grupo celular, el Espíritu de Dios es invitado a reinar en esa casa. Dios ciertamente honrará su paso de fe y bendecirá abundantemente su casa y todo lo que usted tiene. Él lo hizo con Obed.

En 2 Samuel 6:10-12, leemos cómo Dios bendijo la casa de Obed-Edom por la presencia del arca del Dios:

De modo que David no quiso llevar a su casa, a la ciudad de David, el Arca de Jehová, sino que la hizo llevar a casa de Obed-edom, el geteo. Y estuvo el Arca de Jehová en casa de Obed-edom , el geteo, tres meses; y bendijo Jehová a Obed-edom y a toda su casa. Cuando se le avisó al rey David: «Jehová ha bendecido la casa de Obed-edom y todo lo que tiene a causa del Arca de Dios», fue David y trasladó con alegría el Arca de Dios de la casa de Obed-edom a la ciudad de David.

Por abrir su casa para un grupo celular Dios no está obligado a bendecir su casa. Sin embargo, por medio de la adoración, las oraciones y el estudio de las Escrituras, usted estará invitando al Dios vivo a bendecirlo a usted y a su casa.

PUNTOS PARA RECORDAR

Los líderes con una visión 20-20 (perfecta) ven las distracciones antes de llegar a ser piedras de tropiezo. Mientras se concentran en los asuntos más importantes, ellos no descuidan los detalles. Recuerde:

➤ La atmósfera de la casa juega un papel importante para atraer y mantener a los miembros de la célula.

➤ Coloque las sillas en un círculo.

➤ Asegúrese que haya suficiente luz en la sala.

➤ Proporcione cancioneros para todos en el grupo.

➤ Los niños son una parte esencial del grupo celular y deben ser ministrados.

➤ Impida las distracciones preparándose para cuando surjan.

➤ Empiece en hora y termine en hora.

CAPÍTULO 11
SIGA APRENDIENDO Y CRECIENDO

Los mejores líderes nunca dejan de aprender. Se les podrían llamar aprendices de toda la vida porque comprenden que siempre hay más para aprender. Ellos crecen a medida que avanzan. Juan Kotter, profesor en el Colegio de Negocios de Harvard, dice: «Los aprendices de toda la vida piden activamente la opinión y las ideas de los demás. Ellos no suponen que lo saben todo o que la mayoría de las otras personas tienen poco para contribuir. Todo lo contrario, ellos creen… que pueden aprender de cualquiera casi bajo cualquier circunstancia».[1]

Francisco es un aprendiz de toda la vida. La primera vez que él dirigió un grupo pequeño, habló demasiado, no escuchó, nerviosamente cambiaba de una pregunta a otra, y terminó tarde. Él habría recibido un «2» en una escala de 1-10 (sólo por su esfuerzo). Sin embargo Francisco se negó a tirar la toalla. Se dedicó a trabajar en sus habilidades para escuchar, para usar preguntas abiertas, y para facilitar. Aprendió a esperar en silencio después de hacer una pregunta, dándoles tiempo a los demás a formular sus respuestas. Él mejoró al punto que incluso pudo manejar hábilmente a un miembro hablador en el grupo.

El rasgo más importante que yo noté en Francisco era su compromiso para permanecer en Cristo Jesús. Él se dedicaba a pasar un tiempo todos los días en la presencia de Cristo, recibiendo fuerza personal y visión para su grupo.

Francisco está anotando ahora un «8». Él no ha llegado pero ha mejorado muchísimo.

Siga el ejemplo de Francisco y continúe aprendiendo. No se rinda. Dios desea desarrollarlo en un gran líder de un grupo pequeño.

NOTAS

INTRODUCCIÓN

1. Robert Wuthnow, «Me Voy Más Fortalecido: Cómo los Grupos Pequeños Están Moldeando la Religión Norteamericana» (I Come Away Stronger: How Small Groups Are Shaping American Religion), (Grand Rapids, MI,: Eerdmans Publishing Company, 1994), 45. El estudio original de Robert Wuthnow de los pequeños grupos en EE.UU. no sólo descubrió que un 40% de la población de los norteamericanos adultos están involucrados en un grupo pequeño, sino que el 7% de los que no estaban actualmente en un grupo pequeño tenían planes de unirse a uno al siguiente año.
2. Lyle E. Schaller, La Nueva Reforma: Mañana Llegó Ayer (The New Reformation: Tomorrow Arrived Yesterday) Nashville, TN: Abingdon Press, 1995), 14.
3. La Iglesia Elim en San Salvador tiene 110.000 personas que asisten a los 11.000 grupos celulares. La Misión Carismática Internacional tiene igual número en sus 20.000 grupos celulares y ahora alquilan el estadio interior local todos los fines de semana (47.000 personas que asisten a cuatro cultos). Las estadísticas son similares en la iglesia celular de Dion Robert en Costa de Marfil, África Oriental. La Iglesia Bautista Comunidad de Fe en Singapur y el Centro de Oración Mundial Betania en Baker, Louisiana, también son ejemplos muy importantes del crecimiento de la iglesia celular en todo el mundo.
4. Juan K. Brilhart, Diálogos en Grupo Eficaces (Effective Group Discussion), 4ª Edición (Dubuque, Iowa: Wm. C. Brown Company Publishers, 1982).
5. Al aumentar el tamaño del pequeño grupo, hay una disminución directa de la participación igualitaria entre los participantes. En otras palabras, la diferencia en la proporción de los comentarios entre la persona más activa y la persona menos activa se vuelve cada vez mayor al aumentar el tamaño del grupo [Juan K. Brilhart, Diálogos en Grupo Eficaces (Effective Group Discussion), 4ª edición (Dubuque, Iowa: Wm. C. Brown Company Publishers, 1982), 59].
6. Los títulos generales en esta sección fueron tomados de Michael Mack: «Lo Que Un Grupo Pequeño No Es», Dinámicas de los Grupos Pequeños (Carta circular por Internet de la Red de los Grupos Pequeños, noviembre de 1999).
7. Me refiero a la Iglesia Amor Viviente en Tegucigalpa, Honduras. Durante mucho tiempo, esta iglesia esperaba hasta que el grupo tenía quince personas antes de multiplicar. La experiencia les ha enseñado, sin embargo, que es difícil para un grupo mantener un promedio de quince personas por mucho tiempo. Por lo tanto, los líderes cambiaron el número a diez. Ahora cuando un grupo tiene un promedio de diez personas asistiendo regularmente, es un candidato importante para la multiplicación. Dixie Rosales, el director de las células, me dijo que el cambio de quince a diez miembros ayudó a revolucionar la multiplicación de los grupos pequeños en la iglesia. Ahora, hay muchos grupos más que califican para la multiplicación, y la proliferación de las células se está extendiendo más rápidamente en toda la iglesia.
8. Carl George, Cómo Superar las Barreras del Crecimiento (Grand Rapids, MI: Baker Book House, 1993), 136.
9. John Mallison, Cristianos Creciendo en Grupos Pequeños (Londres: Scripture Union, 1989), 25.
10. Dale Galloway El Libro del Grupo Pequeño (Grand Rapids, MI: Fleming H. Revell, 1995), 145.

CAPÍTULO 1

1. Stephen Covey, Los 7 Hábitos de las Personas Muy Eficaces (Nueva York: Simon & Schuster, 1989), 151.

Capítulo 2

1. Touch Publications vende un libro dedicado completamente a los rompehielos (teléfono Nº 1-800-735-5865 en EE.UU. o vayan a www.touchusa.org). NavPress vende un libro excelente que se llama Las 101 Mejores Ideas para los Grupos Pequeños (Colorado Springs, CO: NavPress Publishing Group, 1996; http://www.navpress.com/. La Biblia Serendipity para los Grupos tiene muchas preguntas excelentes para los rompehielos: http://www.serendipityhouse.com/pages/home.html
2. Estos puntos fueron tomados de un artículo por Dan Smith y Steven Reames titulado: «Dirigiendo la Adoración en los Grupos Pequeños», Dinámicas de los Grupos Pequeños (Red de los Grupos Pequeños, setiembre de 1999).
3. Tami Rudkin, «Trabajos de Adoración», Red de los Grupos Pequeños, abril de 2000.
4. Jay Firebaugh, Revista de la Iglesia Celular, Primavera de 1999, 15.
5. Judy Johnson, Las Cosas Buenas Llegan en los Grupos Pequeños, Downers Grove, IL: InterVarsity Press, 1985, 176.

Capítulo 3

1. Este grupo pequeño tuvo lugar en Liberia, África Oriental, durante un viaje de misión a corto plazo en 1982.
2. Robert Wuthnow, Compartiendo el Viaje (Nueva York: Free Press, 1994), 267.
3. Por cierto, no todos los grupos celulares enfocan la participación como yo la estoy promoviendo en este libro. Los líderes celulares en la Iglesia del Pleno Evangelio Yoido, la Iglesia de Elim, y la Misión Carismática Internacional enseñan la lección de la célula. Ellos no se consideran tanto facilitadores, sino más bien predicadores y maestros. Yo no equipararía estos grupos celulares como «estudios bíblicos» porque estos grupos celulares enfocan tanto en los que no son creyentes como en los creyentes. Los grupos celulares en otras iglesias celulares promueven la participación. Ralph Neighbour, por ejemplo, ha hecho más que cualquier otro que yo conozca para promover la participación del grupo en los grupos celulares. Los grupos celulares en la Iglesia Bautista Comunidad de Fe en Singapur, la iglesia que Ralph Neighbour ayudó a establecer, es 100% participativa. Aun antes de que yo asimilara la filosofía de la iglesia celular, yo promovía la participación del grupo de todo corazón y el líder celular como facilitador en lugar de ser un maestro de la Biblia.

Capítulo 4

1. David Hocking, Las Siete Leyes del Liderazgo Cristiano (Ventura, CA: Regal Books, 1991), 63.
2. El Desafío del Liderazgo: Cómo Conseguir Que Se Sigan Haciendo Cosas Extraordinarias en las Organizaciones, Josey-Bass Publicaciones: San Francisco, CA, 1995, 167.
3. Ralph Neighbour, hijo, «Preguntas y Respuestas», Revista de la Iglesia Celular, Vol 2., No. 4, 1993, 2.
4. El Arte de Ser Mentor: Dirigir, Seguir, y Salir del Camino (Houston, TX: Bullion Books, 1998), 46.
5. Howard Snyder, El Wesley Radical y los Modelos para la Renovación de la Iglesia (Downers Grove, IL: InterVarsity Press, 1980), 55.
6. Howard A. Snyder, El Problema de los Odres de Vino, La Estructura de la Iglesia en una Edad Tecnológica, Downers Grove, IL: InterVarsity Press, 1975, 89.
7. Judy Hamlin, Curso de Entrenamiento para los Líderes del Grupo Pequeño (Colorado Springs, CO: NavPress, 1990), 54-57.

Capítulo 5

1. Tomado del artículo de Michael Mack «¿Qué es lo Cuestionable de Estas Preguntas?» Dinámicas de los Grupos Pequeños (Red de los Grupos Pequeños, febrero de 1996), y Deena Davis, recopilador, Las 101 Mejores Ideas del Diario del Discipulado de los Grupos Pequeños (Colorado Springs, CO: 1996), 19).
2. Jim Egli, Revista de la Iglesia Celular, Primavera de 1999.
3. Christian A. Schwarz, El Desarrollo Natural de la Iglesia (Terrassa: Editorial Clie, 1996), citado por Larry Kreider en «Los Obstáculos del Crecimiento», Revista de la Iglesia Celular Vol. 6. No. 4. Otoño, 1997, 22.
4. Para más información sobre los Grupos de 12, se puede consultar mi libro «Grupos de Doce» publicado por Editorial Clie (España).

CAPÍTULO 6

1. Stephen Covey, Los 7 Hábitos de las Personas Muy Eficaces, (Nueva York,: Simon y Schuster, 1989, 239).
2. Michael Mack, «Kinesics», La Dinámica de los Grupos Pequeños (Red de los Grupos Pequeños. [n.d.]).
3. Judy Hamlin, Curso de Entrenamiento para el Líder del Grupo Pequeño (Colorado Springs, CO: NavPress, 1990), 51-80.
4. Michael Mack, «Kinesics».
5. Yo dirigí un seminario celular en Camboya y una de mis sesiones era sobre la transición al modelo de la iglesia celular. En mi presentación de PowerPoint, yo tenía muchos ejemplos de oficinas y edificios de la iglesia. Lo que no tuve en cuenta era el hecho de que Camboya estaba desolada debido a la guerra e incluso no podía identificarse ni remotamente con mis ejemplos de los edificios de la iglesia. Debido a mi falta de preparación y cuidadosa atención utilicé ejemplos que no se aplicaban culturalmente. ¡Los comentarios en las evaluaciones me lo señalaron muy claramente!
6. Tom Peters, Creciendo en Medio del Caos (Nueva York: Harper Perennial, 1987), 176.
7. Stephen Covey, Los 7 Hábitos de las Personas Muy Eficaces (Nueva York: Simon & Schuster, 1989, 244).
8. Ralph Neighbour, «Jesús es el Verdadero Líder de la Célula», Dinámicas de los Grupos Pequeños (Red de los Grupos Pequeños, enero de 2000).
9. Recuerden que algunas personas necesitan que el líder le pida a una persona a quien llama por su nombre para que responda. Esto resulta así especialmente en los que están ubicados en el perfil de DISC. Así que, si usted ve que Susana está lista para compartir, pregúntele llamándola por su nombre.
10. Roberta Hestenes, Usando la Biblia en los Grupos (Filadelfia: Westminster Press, 1983), 29.
11. Viktor Frankl, «La Juventud en Busca de Significado», Fundamentos del Desarrollo Moral, Donald M. Joy, ed., Nashville: Abingdon, 1983, citado por Juan C. Maxwell, Desarrollando el Líder Dentro de Usted, Nashville, TN: Thomas Nelson Publishers, 1993, 118.
12. Autor desconocido. Poesía que anoté mientras estudiaba en el Seminario Bíblico en Three Hills, Alberta, Canadá. Utilicé esta poesía en varios sermones, pero nunca tomé nota de la referencia.

CAPÍTULO 7

1. Richard Price y Pat Springle, Manual de Rapha para los Líderes de Grupos (Houston, TX: Rapha Publicando, 1991, 116, 117).
2. Yo le animo a usar los otros métodos primero antes de probar esta técnica. Si las otras técnicas no hacen callar al hablador, éste establecerá reglas básicas muy claras y le dará un terreno sólido para acercarse a él o a ella en el futuro si la regla es violada.
3. Adaptado de Pat J. Sikora, «Tratando con el Conflicto entre los Miembros», Estudios Bíblicos de los Grupos Pequeños: Cómo Dirigirlos. Entrado viernes, 25 de febrero de 2000.
4. Henry, Matthew, Comentario Bíblico de Matthew Henry (Terrassa: Editorial Clie) 2000.
5. B. A. Fisher & D. G. Ellis, Tomando Decisiones en el Grupo Pequeño: La Comunicación y el Proceso en el Grupo, 3era. Edic. (Nueva York: McGraw-Hill, 1990), 264, citado por Julie A. Gorman en «La Comunidad que es Cristiana: Un Manual sobre los Pequeños Grupos» (Wheaton, ILL.: Victor Books, 1993), 195.
6. Bárbara J. Fleischer, Facilitando para el Crecimiento (Collegeville, MN: La Prensa Litúrgica, 1993), 84.
7. Revista de la Iglesia Celular, Verano, 1996, 11.

CAPÍTULO 8

1. Wayne McDill «Haciendo Amigos para Cristo», Nashville, TN: Broadman Press, 1979, 28 y Jim Egli en «Círculo de Amor».
2. En Juan 5 Jesús sana a un paralítico (verso 8) y sólo después lo llama al arrepentimiento (verso 14). En el capítulo 8 Jesús defiende a la mujer tomada en adulterio (verso 7) y posteriormente le otorga el perdón y le desafía a cambiar su estilo de vida (verso 11). En Juan 9 Cristo sana a un hombre que había nacido ciego (verso 7) y un tiempo después invita al hombre a una fe personal en Él (verso 35). Estas personas se abrieron a Cristo después de que Él les había mostrado un amor práctico y había dejado que Dios desplegara Su poder. De la misma manera, nuestro testimonio a diferentes personas empezará de maneras diferentes. Como Jesús, debemos empezar en el punto de su necesidad y debemos seguir desde allí para mostrarles y hablarles de nuestro Salvador.

3. Misioneros de la Alianza Cristiana y Misionera en Bogotá, Colombia.
4. Peggy Kannaday, ed. El Crecimiento de la Iglesia y el Sistema de Células en los Hogares (Seúl, Corea: Church Growth International, 1995), 19.
5. Revista de la Iglesia Celular, Verano 1999, 13.
6. Dale Galloway, Visión 20-20 (Portland, Oregon: Scott Publishers, 1986), 144.
7. Herb Miller, Cómo Construir una Iglesia Magnética, Serie de Liderazgo Creativo. Lyle Schaller, ed. (Nashville, TN: Abingdon Press, 1987), 72-73.
8. Larry Stockstill, Notas del Seminario Pos-Denominacional, 22 de mayo de 1996.
9. Cho, citado por Karen Hurston, Haciendo Crecer la Iglesia más Grande del Mundo (Springfield, MI: Chrism, 1994), 107.
10. Derivé los pasos básicos del artículo de Janet Firebaugh, «Pescando Juntos», Dinámicas de los Grupos Pequeños (Red de los Grupos Pequeños, octubre de 1999).
11. Jimmy Long, Anny Beyerlein, Sara Keiper, Paty Pell, Nina Thiel y Doug Whalon, El Manual del Líder de los Grupos Pequeños, Downer's Grove, ILL: InterVarsity Press, 1995, 87.
12. Jay Firebaugh, Revista de la Iglesia Celular, Verano 1999, 11.
13. Karen Hurston, «Preparando para Alcanzar a Otros por Medio de la Evangelización Basada en la Oración», Red de los Grupos Pequeños, julio de 2000.

CAPÍTULO 9

1. Roberta Hestenes, Usando la Biblia en los Grupos (Filadelfia: Westminster Press, 1983), 32.
2. Doug Whallon, «Compartiendo el Liderazgo», en Las Cosas Buenas Llegan en los Grupos Pequeños (Downers Grove, IL. 1985), 65.
3. Dan Lentz, Red de los Grupos Pequeños, julio de 2000.
4. Red de los Grupos Pequeños, abril de 2000.
5. Dan Smith, «La Multiplicación», Red de los Grupos Pequeños, 1996.
6. Tomado de «Las Principales Excusas Pobres para No Multiplicar el Grupo», Dinámicas de los Grupos Pequeños (Red de los Grupos Pequeños, Setiembre de 1999).

CAPÍTULO 10

1. Michael Mack, «Las 10 Maneras Principales para Facilitar Su Grupo: Así Pueden Participar» Revista de la Iglesia Celular Vol. 8, no. 2 (Primavera 1999), 22-25. Agradezco el artículo de Michael Mack por proporcionar las ideas usadas con los subtítulos en este capítulo. También incluyo parte de su material de ese excelente artículo.
2. Red de los Grupos Pequeños, abril de 2000.
3. No estoy de acuerdo con el argumento de que se necesita tener una casa costosa para abrir un grupo celular. Si usted vive en una zona de la clase baja, probablemente la mayoría de las casas serán como la suya. Los vecinos estarán contentos de asistir. Incluso con los grupos homogéneos, es probable que usted invitará a «las personas de su tipo» (las personas de su estado social, trasfondo, etc.).
4. La guía más completa acerca de los niños en los grupos pequeños es Apacienta Mis Corderos, por Lorna Jenkins (Singapur: Touch Ministries International, 1995).
5. Red de los Grupos Pequeños, julio de 2000.
6. Daphne Kirk «Están siendo Discipulados Sus Hijos», Revista del Grupo Celular, Invierno 2000, 12.
7. En cierta oportunidad yo estaba consultando con un grupo pequeño de líderes cristianos. La esposa seguía levantándose para contestar el teléfono. Yo sentía como que mis consejos no eran muy importantes; como que cada llamada telefónica era más importante. Líder celular: ahora proyecte esto a los miembros de su célula. Ellos no se sentirán importantes si usted está dando prioridad al teléfono, a su computadora, o a su perro, y no a ellos.
8. Los principios de esta lista fueron tomados de un artículo de Marcos Whelchel titulado «El Retraso Crónico», Dinámicas de los Grupos Pequeños (Red de los Grupos Pequeños, junio de 1999).

CAPÍTULO 11

1. Juan Kotter, Dirigiendo el Cambio (Boston, MA: Harvard Business School, 1996), 182.

ÍNDICE TEMÁTICO